마음과 얼,
혼(魂)과 영(靈)의 만남

The Calendar of the Soul
by Rudolf Steiner from GA 40

This translation of Anthroposophischer Seelenkalender
(included in Volume 40 of the Bibliographical Survey 1961)
was made by Ruth and Hans Pusch. It is used with the kind
permission of the Anthroposophic Press, Inc., copyright © 1982,
and the Rudolf Steiner-Nachlassverwaltung, Dornach, Switzerland.

이 책은 위 영어판을 번역, 해설하였습니다.

루돌프 슈타이너 지음
박규현 옮김, 해설

루돌프 슈타이너의 『영혼달력』 해설

마음과 얼,
혼(魂)과 영(靈)의 만남

수신제

들어가는 말

인지학(Anthroposophy)과 그에 기초한 발도르프 교육, 생명역동 농업의 창시자인 루돌프 슈타이너의 사상은 '유물론적 과학 패러다임'을 넘어서는 '유기일원론'적 성격을 갖고 있다는 점에서 역사적으로 의미가 큽니다. 『영혼달력』과 『4계절과 대천사들』의 내용은 통상 신비적으로 이미지화된 '영성' 혹은 '영적 기운'이 계절의 변화라는 일상 경험 속에서 확인할 수 있는 실재임을 증명하는 것입니다. 이 작품들은 정신-물질 이분법의 통합을 기초로 하는 일원적 세계관의 내적 근거를 보

• 이 서문은 함께 출간하는 『영혼달력』과 『4계절과 대천사들』에 공통된 글입니다. 두 작품이 뗄 수 없이 연관되어 있기에 의의를 부여하는 내용이 별도로 다를 수가 없어서입니다. 독자 여러분들은 필자의 의미 부여를 두 작품의 대조 속에서 깊이 실감할 수 있을 것으로 기대합니다.

여 준다는 점에서, 슈타이너 스스로 평생 과제로 삼았던 '신비의 합리적 이해'라는 주제를 정면에서 다루는 중요한 텍스트들입니다.

한국에서 인지학과 발도르프 교육 운동의 수용이 시작된 역사는 대략 25년 정도를 지나고 있습니다. 그런데 인지학과 발도르프 교육을 수용하고 대하는 태도는 다른 영역에서도 흔하듯 어떤 사상의 발원지, 이 경우에는 독일 특유의 수입 이론으로 한정하는 시각들이 여전히 다수를 이루고 있습니다. 이렇게 어떤 사상이나 문화가 '외재적 타자'로 여겨지는 동안은 정서적으로 배척되거나 거꾸로 모방과 권위의 대상이 될 위험이 늘 있을 수밖에 없습니다. 모든 문화는 주체적인 현지화를 거쳐 내재적으로 전환될 때만 유의미하게 됩니다. 그런 점에서 한국에서 발도르프 교육 운동을 하는 주체들에게는 인지학 자체의 심층적 이해를 바탕으로 한국 전통과 문화, 현실 적합성을 조화롭게 통합해 내는 것이 큰 과제가 됩니다. 물론 이러한 통합이 인위적인 목적론적 시도가 되거나 무분별하게 아전인수식이 되어서는 안 된다는 것은 당연한 전제입니다.

이런 문제의식 아래 가장 주목해야 할 것은, 인지학의 기본 성격이 특정 영역의 부분 이론이 아니고 모든 영역에 적용되는 세계관이라는 점에 있습니다. 인지학은 교육 철학이거나 자연과학 혹은 예술의 '방법론'을 제공하는 이론에 한정되지 않고 인간의 존재와 사유 구조, 세계와 관계 성격 전체를 근본적으로 다루는 패러다임입니다. 그리고 그 패러다임의 주요 내용은 서구 사상사에 유구한 정신-물질 이분법을 초월하여 우주와 인간 실존을 연결시켜 이해하는 거시적 유기일원론이라는 데 있습니다. 이 성격에 바탕하여 슈타이너는 19세기 말과 20세기 초 시기에 서구 정신이 이를 수 있었던 최대치의 통합적 사고를 추구했습니다. 그는 자연과학을 공부한 공학도였지만 『자유의 철학』이 출세작인 철학자이기도 했습니다. 괴테와 니체라는 걸출한 사상사 거인들의 합리적 핵심을 수용하고 신지학이라는 당대 종교 통합 운동의 내용도 독창적으로 수용했습니다. 그 스스로 명상과 고유한 수행 원칙을 개발하고 창의적 사상가로 자리매김했습니다. 원숙기 슈타이너는 학문, 예술, 종교 전체를 아우르는 보편 원리를 '인지학'이라는 새로운 용어로 표현하며 이를 열정적으로 전파했습니다.

한편, 슈타이너가 추구했던 유기일원론적 사상 내용은 동서

고금 보편 가치들의 전통 속에 풍부히 내재되어 있으며, 슈타이너 스스로도 서구의 일원적 전통을 적극적으로 되살려 내면서 자신의 사상을 펼쳤습니다. 인지학의 기본 개념 틀인 4구성체는 서구에서 전통적인 4원소설의 우주적, 영적 확장 개념입니다. 그가 사용하는 영적 의식에 대한 기초 개념들 역시 서구 영지주의나 고대 인도 사상의 것들을 적극적으로 활용한 것들입니다. 좀 밋밋해 보이지만 '전통의 현대화'나 '온고지신(溫故知新)'이 그의 활동에 걸맞은 표현인 듯합니다. 사실, 인류 정신의 모든 진화, 발전은 이러한 성격의 활동 속에서 출현해 왔습니다.

동서양의 사상과 문화가 겉으로는 대단히 이질적으로 보이지만, 유기일원론적 전통을 거슬러 올라가 보면 우리는 인류 차원의 본질적 동질성이 있음을 발견하게 됩니다. 이것은 우연이 아니고, 모든 유기일원론적 전통이 우주, 자연, 인간의 내적 연관을 구체적으로 이해하려는 앎의 의지에서 출발하며 천인합일(天人合一)의 논리를 바탕으로 한다는 점에서 필연적 귀결입니다. 세계의 모든 문명 지역 사상의 출발점은 그 사고 틀의 성숙과 완성 정도, 지역과 문화에 따른 차이가 있을 뿐, 거시적 유기일원적 사고에 있었다는 것은 역사적 사실입니다.

바로 이 점에서 우리는 인지학을 주체적으로 현지화할 수 있는 연결 고리를 찾을 수 있습니다. 우리 전통 속에 유기일원론적 사유는 그 역사문화적 흔적이 대단히 뚜렷합니다. 흔히 말하는 동양의 3교가 모두 이 특징을 공유하고 있고 그중에서도 일상 문화와 제도, 풍속에 지대한 영향을 끼친 음양오행과 주역적 세계관은 전형적인 유기일원론적 사유 체계입니다. 슈타이너가 바탕으로 삼았던 서구 전통의 유기일원론과 동양의 그것이 표현의 역사적, 문화적 차이를 넘어 핵심 근거와 주제에 초점을 맞춰 보면, 상호 간의 자연스럽고 필연적인 내적 연관이 드러납니다. 만약 이런 보편 가치의 동질성을 더 큰 차원의 통합으로 이끌어 낼 사상 내용을 발견할 수 있다면, 우리는 동서양의 온고지신을 조화롭게 상승 발전시킬 수 있게 될 것입니다.

『4계절과 대천사들』은 슈타이너의 다른 걸작 『영혼달력』과 한 쌍을 이루는 내용입니다. 두 작품 모두 우주와 지구의 상호 작용, 그 작용력과 인간 존재와 연관의 역동적 과정을 내용으로 삼습니다. 영적인 주제를 하나는 보다 지적으로, 다른 하나는 시적으로 다룬다는 점이 다를 뿐입니다. 특히 『4계절과 대천사들』은 슈타이너의 유기일원적 사고 전개 과정을 충실히

드러내었다는 점에서 동양의 그것들과 비교 이해를 용이하게 해 줍니다. 우리가 두 작품을 이해하고 보면, 슈타이너가 호명하고 있는 대천사들의 다른 패러다임에서 이름이 고대 서양철학에서는 4원소였고 유물론적 과학에서는 전자기력, 핵력 등이란 것을 명확히 알 수 있습니다. 슈타이너는 두 작품을 통해 부분에 대한 분리 인식을 강화하는 유물론적 패러다임의 한계를 넘어 우리를 둘러싼 힘들의 우주적, 영적인 본래 의미를 밝힌 것입니다. 『영혼달력』에서는 인간의 마음과 우주 자연의 영적 힘들이 주고받는 대화를 표현하고 있습니다. 대천사들의 작용이 인간 존재에 어떻게 작용하는지 이해한다면 『영혼달력』의 모든 시적 표현은 인간 바깥의 작용이 아니라 누구나 자신 안에서 느낄 수 있는 보편 경험임을 알 수 있습니다.

슈타이너는 현대적 감성과 지성으로 이를 표현하고 있는데, 근본적으로 동일한 내용들이 그리스 철학부터 있었습니다. 피타고라스와 플라톤의 학당에서는 천문학, 기하학, 음악, 철학을 가르쳤는데, 그 전제는 이 기본 학문들이 공통의 우주 자연적 질서에 기초한다는 것이었습니다. 행성의 움직임이 시간과 공간의 기본 질서와 성격을 결정하고 그것이 지구에서 기하적으로 표현되며 파동적 운동력으로 나타난다는 점, 이를 인식하는 사고 방법으로 철학적 지혜가 중요하다는 것이 서구 일원론적 전통의 핵심입니다. 슈타이너의 작품들도 이 같은 전통 위에서 현대화된 모습으로 진화한 형태인 것입니다.

그런데 이런 사유는 동양에서도 동일합니다. 음양오행은 그 용어 자체가 태양계의 행성들을 이르는 것이고, 이들의 규칙적 운행 질서를 역법(曆法)에 도입한 개념이 천간, 지지이며 이를 다시 기하적 위상 기호로 표현한 것이 주역의 괘입니다. 간지(干支)와 괘를 통합하여 만물 변화 원리를 설명하려 한 시도가 소강절과 주자 등에 의해 이루어지며 성리학을 발달시켰고 동일한 인식 위에서 조선의 훈민정음 창제와 『악학궤범』 정립과 같은 문화 유산들이 만들어졌습니다. 동양의 선현들은 간지로 표현된 천문학적 질서가 기후를 결정짓는 기운으로 표현되면 이를 5운 6기로 보았는데, 이는 내용상 슈타이너의 대천사들과 다르지 않습니다. 동양의 전통 의학도 이 오운육기가 인간 심신에서 작용하는 방식에 대한 이해를 바탕으로 구성되었고 그 내용들은 『황제내경』이나 『동의보감』 등 전통 의서에 상세히 밝혀져 있습니다. 이같이 동서양 일원론 전통의 본질적 동질성을 보여 주는 예는 수도 없이 많습니다.

슈타이너의 다른 어떤 작품들보다 『영혼달력』과 『4계절과 대천사들』은 동서양의 유기일원적 전통 내용들을 통합적으로 이해할 실마리를 제공한다는 점에서 우리에게 큰 영감을 줍니다. 그리고 우리가 이러한 개방적 시각과 내적 필연성을 검증하고 이해할 수 있는 방식으로 유기일원론적 사유 체계를 풍성하게 만들어 나갈 수 있다면, 우리는 굴곡 많은 근대사가 만들어 낸 오리엔탈리즘이나 온갖 교조적 의존을 넘어설 수 있을 것입니다. 또, 그럴 때만 '자유로운 개인'을 가능하게 하는 투명한 관찰과 독립, 주체적 사고가 성숙할 수 있을 것이며 물질문명의 폭주로 만들어진 도구적 인간관을 넘어 새로운 인간과 세계의 상(象)을 창조할 수 있을 것입니다.

『영혼달력』에 붙인 해설들은 위와 같은 문제의식에 기초한 것입니다. 모쪼록 두 작품이 한국에서 현대적 유기일원론으로서 인지학 이해가 심화되고 창조적으로 확장되는 데 조그마한 보탬이 되기를 바랍니다.

2022년 2월 22일
양평에서 박규현

일러두기

    영혼달력은 한 해의 첫 주와 마지막 주를 대비시켜 한 쌍으로 묶고, 차례대로 2주와 51주, 3주와 50주를 쌍으로 묶는다. 그러므로 계절별 구별은 춘분, 추분과 하지, 동지가 든 주를 찾아서 보아야 한다. 한편, 영혼달력의 첫 주는 부활절로 정한다. 부활절은 아래와 같이 규정되어 해마다 날짜가 바뀐다. 슈타이너는 서방 교회식 날짜를 따르고 있다. 실제 영혼달력의 활용은 이를 고려하여 매해 첫 주를 달리 계산해야 한다.

서방 교회식 계산	동방 교회식 계산
2018년 4월 1일	2018년 4월 8일
2019년 4월 21일	2019년 4월 28일
2020년 4월 12일	2020년 4월 19일
2021년 4월 4일	2021년 5월 2일
2022년 4월 17일	2022년 4월 24일

부활절 날짜는 니케아 공의회에서 결정했는데, 춘분이 지나고 첫 보름달이 뜬 다음에 오는 일요일로 결정되는 것을 원칙으로 정했다. 부활절의 날짜를 언제로 할지에 대한 문제로 2세기부터 니케아 공의회 이전까지 동방 교회와 서방 교회가 서로 격렬하게 논쟁하였다. 동방 교회에서는 예수 부활 이후 히브리 전통 달력으로 요일을 신경 쓰지 않고 니산(Nisan)달 14일, 즉 유대인들이 파스카 축제를 지내는 날 후 첫 안식일 다음날인 일요일에 부활절을 지내야 한다고 주장했다.

반면 로마에 있는 서방 교회는 "무조건 부활절은 춘분 후 만월 다음에 오는 첫 일요일이어야 한다."고 주장하며 봄의 첫 번째 보름달 후 일요일을 부활절로 기렸다. 즉 동방 교회는 부활절 날짜의 기준으로 니산월 14일인 유월절과 15일인 무교절을, 서방 교회는 춘분을 중시한 것이다. 이때 교황 성 빅토르 1세(재위: 189~199)는 "성 베드로의 후계자로서 타 지역 교회에 대한 권한이 있으므로, 로마 교회의 기준을 따르지 않으면 파문하겠다."고 협박했다.

결국 325년 니케아 공의회에서 이 문제도 결정하였는데, 약간 달라지긴 했지만 전반적으로 서방 교회 측 주장을 받아들였다. 이 결정이 지금까지 이어져, 오늘날 기독교는 부활절을 니케아 공의회에서 정한 대로 춘분 후 만월 다음에 오는 첫 일요일에 지킨다. 니케아 공의회의 결정은 서방 교회의 주장을 받아들인 것 이외에도 유대 달력에 의존하는 상황을 끊겠다는 의도도 있다. 니산달 14일이 언제인지 확인하려면, 유대인들이 자기네 달력을 확정하여 발표한 뒤에나 할 수 있다. 기독교인이 자기네 최대의 축제일을 정하는데 유대인들이 달력을 확정할 때까지 기다려야 한다는 점은, 당시 이스라엘계 유대교의 영향에서 벗어나기 시작한 초대교회 신자들에게 거북한 것이었다. 그래서 로마를 중심으로 한 서방 교회에서는 세계에서 통용되는 율리우스력을 이용해 부활절 날짜를 정하기로 하였다.

히브리력은 태음력을 기반으로 한 태음태양력 체계를 따르므로 히브리력 니산월은 대략적으로 동양의 음력 3월에 해당한다. 따라서 파스카 축제일인 니산월 14일은 음3월 망일이며, 음3월 초일은 율리우스력의 춘분 날짜인 3월 21을 전후로 하는 날짜이기 때문에 결과적으로 춘분 후 첫 망월은 곧 니산월 14일을 구하는, 로마 제국에서 통용되는 역법을 이용한 (당시로서는) 현대적인 방법인 셈이다. 로마 교회에서는 여기에 그리스도교에서 중요하게 여기는 요일인 일요일을 강조하여 유월절 당일이 아닌 유월절 다음에 오는 일요일에 지내자고 한 데에서 차이가 발생하였다. 일요일을 매주마다 '작은 부활절'로 지내는데, 부활절 당일도 당연히 일요일에 지내는 것이 자연스럽다고 생각한 것이다.

니케아 공의회에서 부활절 날짜를 정하는 기준을 통일하였을 때, 춘분을 당시 달력으로 3월 21일이라고 규정했다. 하지만 율리우스력의 한계로 인해 128년마다 하루의 오차가 쌓이면서 달력상의 춘분과 천문학적 춘분의 차이가 점점 벌어졌다. 그 결과 16세기 말에는 천문학적 춘분이 3월 11일에 오는 지경에 처한다. 결국 교황 그레고리오 13세가 1598년에 그레고리력을 제정하였으며, 이후 서방 교회에서는 그레고리력 3월 21일을 춘분으로 삼아 부활절 날짜를 정한다. 그러나 동방 교회에서는 여전히 율리우스력 3월 21일을 기준으로 부활절을 헤아리므로 양 교회 간 날짜에 차이가 생겼다. 그 외에도 동방 교회 일부에서는 타협안으로 '개정 율리우스력'이란 것을 사용하는 등, 동일하게 니케아 공의회의 원칙을 적용하는데도 상황이 복잡하다.

서방 교회식 계산법 아래에서 부활절은 가장 이를 때 3월 22일, 가장 늦을 때 4월 25일이 된다. 동방 교회는 같은 날짜를 율리우스력으로 계산해 부활절을 기념하는데, 이것을 그레고리력 상에 표시하면 4월 4일에서 5월 8일 사이가 된다.

콘스탄티노플 세계 총대주교청 예하 교구인 한국 정교회는 '크리스마스'와 '예수신현축일'은 사목상 이유와 교회 일치 차원에서 서방 교회와 동일한 날짜로 지내는데, 부활절만큼은 원래 정교회 전통 교회력인 율리우스력으로 산정해 해마다 서방 교회와 날짜가 다를 때도 있고 같을 때도 있다.(부활절 내용은 나무위키에서 인용)

차례

들어가는 말	004
일러두기	012

제1장 　　　　　　　　　　　　　　　　　　　　　봄

1주 대 52주(부활절)	020
2주 대 51주	024
3주 대 50주	029
4주 대 49주	033
5주 대 48주	037
6주 대 47주	040
7주 대 46주	043
8주 대 45주	047
9주 대 44주	051
10주 대 43주	054
11주 대 42주	058
12주 대 41주(성 요한 주기)	062
13주 대 40주	066

제2장　　　　　　　　　　　　　여름

14주 대 39주	072
15주 대 38주(크리스마스)	076
16주 대 37주(겨울)	081
17주 대 36주	086
18주 대 35주	091
19주 대 34주	095
20주 대 33주	098
21주 대 32주	103
22주 대 31주	106
23주 대 30주	110
24주 대 29주	114
25주 대 28주	118

제3장　　　　　　　　　　　　　가을

26주 대 27주(미카엘마스)　　　　　　　　　　124

제1장 봄

CoTS Verses for Weeks 1 and 52

Easter(April 7-13)

SPRING

When out of world-wide spaces
The sun speaks to the human mind,
And gladness from the depths of soul
Becomes, in seeing, one with light,
Then rising from the sheath of self,
Thoughts soar to distances of space
And dimly bind
The human being to the spirit's life.

부활절(4월 7-13일)

봄

온 세계에 나타난 태양이
사람 마음에 말을 건네고
마음 깊이 생긴 기쁨이

고요히 바라보며 빛과 하나가 될 때

우주로부터 솟아난 '사고'가

'자기'의 껍질을 뚫고 나와

인간을 영적 삶으로

살며시 이어 줍니다.

Fifty-second Week(March 30)

When from the depths of soul

The spirit turns to the life of worlds

And beauty wells from wide expanses,

Then out of heaven's distances

Streams life-strength into human bodies,

Uniting by its mighty energy

The spirit's being with our human life.

52주(3월 30)

마음 깊은 곳에서

얼이 삶의 세계로 향하고

온 세상에 아름다움이 솟구치면
하늘 멀리서
그 센 기운으로 사람의 삶과 하나 된 얼이
사람에게 생명력을 흘려보내 줍니다.

〈해설〉

1주는 탄생의 순간입니다. 춘분 후 첫 주는 낮이 밤보다 길어지는 출발점이며 현실, 감각, 삶의 세계가 펼쳐지는 때입니다. 그래서 '온 세계에 나타난 태양이 사람에게 말을 거는' 때입니다. 사람은 그 빛의 변화가 일으키는 모든 현상을 즐기며 살아갑니다. 대기의 변화, 바람과 물과 동식물의 변화 이 모든 것이 빠짐없이 이어져 있음을 느끼며 삽니다. 그래서 '빛과 하나'가 될 수 있는 것입니다. 그럼으로써 우주영이 창조한 우리 몸을 넘어 순수 의식인 얼로 돌아가는 일생을 예비합니다. 사람은 얼에서 나와 얼로 돌아가는 존재입니다.

52주는 사람의 탄생 직전을 노래합니다. 이제 춘분이 지나 얼은 세상으로 그 모습을 드러낼 터이고 세상은 그로 인해 아름답게 활짝 피어날 것입니다. 얼은 스스로 세상의 주재자로서 자신의 거처를 마련해야 합니다. 그래서 '사람의 삶과 하나'가 되어 사람에게 생명력을 쏟아붓습니다. 다가오는 날들에 얼은 고요히 사람 가장 깊은 곳에 자기의 집을 마련하고 세상과 하나 되는 과정을 즐겨 맞을 것입니다.

CoTS Verses for Weeks 2 and 51

Second Week(April 14-20)

Out in the sense-world's glory

The power of thought gives up

its separate being,

And spirit worlds discover

Again their human offspring,

Who germinates in them

But in itself must find

The fruit of soul.

2주(4월 14-20일)

'사고'의 힘은 밖의 찬란한 감각 세계로
자기로부터 분리된 존재를 넘겨주며,
얼의 세계는
그들 속에 씨를 뿌렸으나
마음의 열매를 되찾아야만 하는

자식인 인간을 다시 발견합니다.

Fifty-first Week(March 23-29)

Into our inner being

The riches of the senses pour.

The Cosmic Spirit finds itself

Reflected in the human eye,

Which ever must renew its strength

From out that spirit source.

51주(3월 23-29일)

우리 내면으로

풍성한 감각들이 쏟아집니다.

우주영은,

늘 자신의 힘을 새롭게 한

얼의 바탕인

사람의 눈에 비친 자신을 봅니다.

〈해설〉

2주

① '사고'의 힘은 밖의 찬란한 감각 세계로
  자기로부터 분리된 존재를 넘겨주며,
② 얼의 세계는
  그들 속에 씨를 뿌렸으나
③ 마음의 열매를 되찾아야만 하는
  자식인 인간을 다시 발견합니다.

① '사고'는 영계로부터 오는 정신 에너지입니다. 그것은 인간 내면에 '반감'이라는 힘으로 작용하며 늘 영향을 미치지만 에고의 인위적인 욕망과 구별되는 별도의 실재입니다. 우리가 흔히 떠올리는 일체의 '생각'은 사고의 영향 아래 있지만 사고 자체는 아닙니다. 지각-개념-논리-계산-추론-판단 등은 인지학에서 말하는 사고가 아닌 것입니다. 오히려 인간을 삼원으로 나누어 그 작용을 지시하는 용어로서 이것들은 feel(감성)에 속하는 것들입니다. 의지(will)가 욕구나 인위적 바람이 아니고 '고양이가 쥐를 잡는 본능' 같은 타고난 본능, 성향이듯

사고(think) 역시 어떤 경지의 의식 발달이 있기 전에는 내재하지만 지각되지 않는 '무의식적 영성'입니다. 춘분이 지나고 세상에 눈에 보이는 감각적 생명력이 만개할 때, 영적 세계의 힘들은 배후로 숨고 현실 세계의 온갖 모습으로 자신을 드러냅니다. 첫 문장은 '영계의 사고의 힘'이 '현실 감각계의 다양한 모습으로 출현'함을 얘기합니다.

② 앞을 이어, 영계는 자기 힘의 속성과 그 핵심을 인간의 정신 안에 심습니다. 이로 인해 인간 존엄의 바탕이 마련되며 인간은 신을 닮은 속성, 창조력을 잠재적으로 내포한 존재가 됩니다.

③ 그러나 인간이 '마음(=혼)의 열매'(=성숙을 통해 새로운 상태로 진화한 무엇=얼, 영성의 실현)를 맺기 전에는 스스로 영의 자식이며 자라나 영이 되는 존재임을 알지 못합니다. 얼은 마음이 자기 성숙의 최선을 다할 때, 자연히 그 자식인 인간을 찾아옵니다.

51주

① 우리 내면으로
 풍성한 감각들이 쏟아집니다.
② 우주영은
 늘 자신의 힘을 새롭게 한
 얼의 바탕인
 사람의 눈에 비친 자신을 봅니다.

① 51주는 신성의 세계에서 현실의 세계로 진입하기 직전의 때입니다. 따라서 현실의 매개자인 감각이 먼저 생겨나야만 합니다. 자연에서 봄의 약동이 살며시 시작될 때는 인간의 삶에서 기초 감각의 형성과 안정이라는 과정에 비유될 수 있습니다.

② 우리가 한 생을 살고 영계로 가듯 영계의 힘은 감각-현실의 세계로 되살아납니다. 그렇게 환생한 영을 품고 사는 존재가 인간입니다. 세상으로 나온 영의 힘은 인간의 행위를 통해 자신을 실현합니다. 인간은 신을 향해, 신은 인간을 향해 서로 비추는 존재가 됨으로써 '신인합일'의 우주적 움직임이 항상 적인 것이 됩니다.

CoTS Verses for Weeks 3 and 50

Third Week(April 21-27)

Thus to the World-All speaks,

In self-forgetfulness

And mindful of its primal state,

The growing human I:

In you, if I can free myself

From fetters of my selfhood,

I fathom my essential being.

3주(4월 21-27일)

뿌리를 기억하고

'자기'를 잊은 채

성장하는 사람은

온 세계에 이렇게 말한다:

네 안에서, 내 개체성의 굴레로부터

스스로 자유로워진다면

나는 내 존재 본질을 알리라.

Fiftieth Week(March 16-22)

Thus to the human ego speaks

In mighty revelation,

Unfolding its inherent powers,

The joy of growth throughout the world:

I carry into you my life

From its enchanted bondage

And so attain my truest goal.

50주(3월 16-22일)

(신성은) 세계를 통한 성장의 기쁨인

본성을 펼치며

힘차게 나타나

'자아'에게 이렇게 말한다:

나는 네 안으로 내 생명을 불어넣어

망상의 굴레로부터

내 최고의 목적을 이루리라.

⟨해설⟩

50/3 쌍의 주는 한겨울을 지나 춘분을 눈앞에 두고 새로운 생명 탄생을 예비하는 때입니다. 자연이 그러하듯 인간에게도 활력이 솟아나는 때죠. 영혼달력은 자연 → 인간, 인간 → 자연의 대화를 담고 있습니다. 세계 창조가 그 본질인 자연의 신성은 생명의 순환과 함께 '창조'의 매개가 필요하며, 그 신성의 본성으로서 창조력을 표현하는 존재가 인간입니다. 신성의 창조력이 인간을 통해 나타나는 방식은 높은 의식 성장에 달려 있으며 인간이 신성에 가닿는 의식 성장은 '망상, 주술, 환상, 꿈'(이것이 인간의 감성과 이성)의 과정을 지나지 않을 수 없으며 이 통과의례를 거쳐 '최고의 목적'인 창조에 이르게 됩니다. 이 망상의 상태에 사로잡힌 주체가 '자아(에고)'입니다. 망상이 굴레인 이유는 이것이 우리가 세계를 '있는 그대로' 보지 못하게 만드는 번뇌장(말, 감정의 방해), 소지장(글, 논리적 선입관의 방해)의 영역이기 때문이며 이를 통과하는 순간 인성은 신성을 만나 창조 주체가 됩니다.

신성=인성인 통일 상태가 존재의 뿌리입니다. 이것이 동양에서는 음+양=태극으로 표현되어 왔습니다. 그 뿌리를 간직하고 기억하는 사람은 '감정과 논리'(에고, 자아)로 분화되어 가는 '자기'(스몰 셀프, 신체적 자기정체성)에 집착하지 않고 성장해 갈 수 있습니다. 사람의 입장에서, 내면의 신성은 인간 의식에 끝없이 호소합니다. 좁디좁은 개체 자아(퍼스낼러티, 사회적 자아)의 욕망을 벗어나 세계와 자신을 두려움 없이 일치시킬 수 있을 때, 인간은 자유로워진다고. 그리고 그 자유의 영역이 바로 인간의 고향이며 삶이 마땅히 나아가야 할 곳이라고.

CoTS Verses for Weeks 4 and 49

Fourth Week(April 28-May 4)

I sense a kindred nature to my own:
Thus speaks perceptive feeling
As in the sun-illuminated world
It merges with the floods of light;
To thinking's clarity
My feeling would give warmth
And firmly bind as one
The human being and the world.

4주(4월 28-5월 4일)

나는 나와 닮은 자연들을 느낍니다.
그리하여 감성은 이렇게 말합니다.
햇빛으로 물든 세상은
빛의 향연 속에 잠깁니다;
내 감성은 투명한 사고에 온기를 주고

인간과 세상을 하나로 단단히 묶어 줍니다.

Forty-ninth Week(March 9-15)

I feel the force of cosmic life:
Thus speaks my clarity of thought,
Recalling its own spirit growth
Through nights of cosmic darkness,
And to the new approach of cosmic day
It turns its inward rays of hope.

49주(3월 9-15일)

나는 우주적 생명력을 느낍니다:
그리하여 내 깨어 있는 사고는 이렇게 말합니다.
캄캄한 우주의 밤을 지나며
자신의 영적 성장을 떠올리고
새로운 우주의 낮을 향해 가며
희망이라는 내면 빛줄기를 향하라.

⟨해설⟩

자유는 나와 세계, 정신과 신체, 마음과 얼의 일치에서 주어집니다. 그러므로 감성은 사고로, 사고는 현실의 발현으로 서로 지향합니다. 춘분과 부활절이 지나고 나면 아름다운 감각 세계가 피어납니다. 그 활짝 필 현실은 생명력 자체인 빛의 현란한 변형입니다.

인간은 이 지구상의 가장 진화한 존재로 자기 안에 자연과 우주의 질서를 모두 담고 있습니다. 그래서 우리는 '나와 닮은 자연'을 만날 수밖에 없습니다. 나와 자연은 빛의 율동 속에 함께 변해 가며 냉정하고 관조적인 사고에 동감(sympathy)의 온기를 불어넣습니다. 그로 인해 우리는 세상에 친밀함과 사랑을 느낄 수 있습니다. 이 동감이야말로 세상과 하나 되기 위한 인간적 동기를 만들어 줍니다. 우리는 자유롭기 위해서도 사랑을 배워야 하는 존재입니다.

낮의 세계에 있는 지상의 우리가 온기 속에 세상과 일치를 향해 가는 것처럼, 보이지 않는 천상의 영계에서도 영원한 순환은 멈추지 않습니다. 지상의 우리가 세계와 일치를 통해 자유를 추구하는 존재라면 영계의 우리는 새로운 분화를 만들어 '창조하는 힘'을 발휘합니다. 감각 세계가 진화하듯 초감각 세계 역시 매번의 새로운 순환을 통해 진화합니다. 그리하여 '자신의 영적 성장을 떠올리고 새로운 우주의 낮을 향해 가며, 희망이라는 내면 빛줄기를 향'합니다. 신은 언제나 새로운 우주와 진화를 위해, 새로운 창조를 위해 끊임없이 만물 속으로 인간 안으로 환생합니다.

CoTS Verses for Weeks 5 and 48

Fifth Week(May 5-11)

Within the light that out of spirit depths
Weaves germinating power into space
And manifests the gods' creative work:
Within its shine, the soul's true being
Is widened into worldwide life
And resurrected
From narrow selfhood's inner power.

5주(5월 5-11일)

얼의 심연에서 나온 빛 안에서
세계를 향한 창조력이 물결쳐
신의 세계 창조를 드러냅니다:
그 빛 안에서,
좁은 개체 자아의 내면에서
부활한 참된 마음이

세계적 삶으로 퍼져 갑니다.

Forty-eighth Week(March 2-8)

Within the light that out of world-wide heights
Would stream with power toward the soul,
May certainty of cosmic thinking
Arise to solve the soul's enigmas
And focusing its mighty rays,
Awaken love in human hearts.

48주(3월 2-8일)

온 세계 꼭대기에서 나온 빛 안에서
마음을 향한 힘이 흐르고,
우주적 사고의 명료함이
마음의 수수께끼를 풀기 위해 일어나
그 힘찬 빛이 모여
사람 가슴의 사랑을 깨우게 하소서.

〈해설〉

우주 깊은 곳에서 그윽한 진동과 빛이 나타납니다. 그 빛이 모이고 흩어져 형태를 이루면 생명 현상이 시작됩니다. 생명의 절정에서 처음 그 움직임을 만들었던 신성이 사람의 마음이라는 외피를 띠고 나타납니다. 점점 더워지는 계절은 빛이 열로 변하며 일으키는 생명의 전개를 그대로 나타냅니다. 성장 과정에서 그 자연의 순리를 재현하는 인간은 스스로를 좁은 개체 자아로만 여기다, 어느 순간 자신의 모든 잠재력이 세상을 향해 일체가 될 운명임을 깨닫게 됩니다. 그리하여 시는 '부활한 참된 마음이 세계적 삶으로' 나아갈 것이며 이것이 인류 진화의 방향임을 선언합니다.

이 생의 탄생을 눈앞에 둔 신성은 마음을 창조하는 데 온 힘을 쏟습니다. 모든 인간의 마음은 신성의 창조물이자 현실태이기도 합니다. 감각 세계가 그 마음을 망상과 환상, 고통과 시련에 빠지게 하겠지만 그 모든 과정을 뛰어넘어 다시 한 번 진화된 신성으로 다시 태어나는 신비가 일어날 것이며 그것은 오직 사랑이라 부르는 힘에 의해서 될 것입니다.

CoTS Verses for Weeks 6 and 47

Sixth Week(May 12-18)

There has arisen from its narrow limits

My self and finds itself

As revelation of all worlds

Within the sway of time and space;

The world, as archetype divine,

Displays to me at every turn

The truth of my own likeness.

6주(5월 12-18)

내 자아는 자신의 좁은 한계에서 떠올라

시공간의 물결 속에

온 세계의 계시로

<u>스스로</u>를 발견합니다.

신의 원형인 세계는

모든 순간에

내가 어디로부터 왔는지
보여 줍니다.

Forty-seventh Week(February 23-March 1)

There will arise out of the world's great womb,
Quickening the senses' life, the joy of growth.
Now may it find my strength of thought
Well armed by powers divine
Which strongly live within my being.

47주(2월 23-3월 1일)

(그것은) 세계의 웅장한 자궁에서 깨어나
성장의 기쁨, 감각의 삶을 깨울 것입니다.
이제 (그것이) 내 사고의 힘을 발견하여
신성한 힘으로 무장한 채
내 존재 속에 힘차게 살아가길.

〈해설〉

6주는 절기상 입하를 지나고 바야흐로 만물이 흐드러지게 피어나는 여름을 향해 가는 때입니다. 봄철, 뿌리와 줄기 안에 갇혀 있던 생명력은 넓은 잎과 화려한 색을 뿜어 내는 꽃으로 자신을 세상에 드러냅니다. 이 성장과 실현의 과정에는 온 우주가 참여합니다. 꽃 하나를 피우기 위해 물, 불, 흙, 바람 모두가 힘을 모읍니다. '자신의 좁은 한계'인 씨와 '줄기'처럼 좁은 통로를 통해 자라기 바빴던 생명은 '시공간의 물결'(변화)과 함께 자신이 꽃이었음을 발견합니다. 우리가 무엇이 되기 위해 이 세상에 왔는지 드러나는 순간입니다.

춘분을 눈앞에 둔 47주는 탄생의 설렘이 움트는 곳입니다. 그래서 '성장의 기쁨'에 대한 기대로 가득 차 있습니다. 이 주어진 감각 세계의 삶은, 실제 영계의 사고가 준비했던 바로 그 삶이며 '신성한 힘으로 무장'한 경이로운 삶입니다. 이 신성의 힘이 내 존재 안에 늘 살아 있음을 느낀다면, 우리 삶은 경건해지지 않을 수 없을 겁니다.

CoTS Verses for Weeks 7 and 46

Seventh Week(May 19-25)

My self is threatening to fly forth,

Lured strongly by the world's enticing light.

Come forth, prophetic feeling,

Take up with strength your rightful task:

Replace in me the power of thought

Which in the senses' glory

Would gladly lose itself.

7주(5월 19-25)

자아는 세계의 매혹적인 빛에

취하듯 이끌려 날아오르려 합니다.

예감은 일어나,

강렬하게 당신의 천명을 결정합니다:

내 안에서

감각의 광휘 속 사고의 힘은

기꺼이 자신을 잃어 갈 것입니다.

Forty-sixth Week(February 16-22)

The world is threatening to stun
The inborn forces of my soul;
Now, memory, come forth
From spirit depths, enkindling light;
Invigorate my inward sight
Which only by the strength of will
Is able to sustain itself.

46주(2월 16-22)

세계는 타고난 마음의 힘을
압도하듯 위협합니다;
기억은 얼의 심연에서 불타올라
의지의 힘으로만
자신을 지킬 수 있는
마음의 눈을 북돋웁니다.

⟨해설⟩

이 시기는 하지를 한 달 앞둔 때입니다. 바야흐로 모든 생명이 만개하고 분산을 이끄는 루시퍼의 힘은 절정을 눈앞에 두고 있습니다. 인간의 삶으로 보자면 사춘기를 막 지나는 십 대말의 청춘의 때입니다. 그 눈부신 생명의 전개와 '세계의 매혹적인 빛'에 취하지 않을 수 없는 때죠. 그러나 이렇게 힘의 절정을 향해 달릴 때, 내면에서는 그 삶이 어떤 열매를 맺을지 준비되고 있습니다. 꽃은 열매를 계시합니다. 그러나 이 시기 '감각의 광휘'는 '사고의 힘'을 잃게 만들 것입니다. 사람에게 이 성장통은 감각혼의 절정으로 나타나겠지만, 이 과정은 뒷날 맺게 될 사고의 열매, 의식혼과 그 너머의 영적 진화를 예비하기 위한 필수 과정이기도 합니다. 동감과 감각혼은 동정과 연민, 사랑의 감성을 줍니다. 반감과 오성혼은 판단의 힘을 키워 줍니다. 이 둘의 조화가 비로소 도덕성을 고취시키고 더 넓은 영적 세계로 우리를 인도해 갈 것입니다. 그러므로 우리는 '기꺼이' 이 감각의 향연을 즐길 수 있습니다.

46주는 춘분을 한 달 앞둔 때입니다. 천상에서 지상의 생명으로 환생하려는 얼은 감각 세계에 살아갈 준비를 해야 하며 그것은 '기억'과 '의지'를 형성하는 과정이 됩니다. '카르마'가 준비되는 것입니다. 여러 생을 거쳐 온 기억이 새로운 의지로 거듭남으로써 새로운 세상을 살아갈 한 마음을 예비합니다. 그 마음은 '지상의 신성'으로 살아가며 온 우주와 자연을 진화시킬 새 힘을 얻어 갈 것입니다. 인간이 신을 향해 달려가듯, 신은 인간 속에 자신의 창조력을 실현합니다. 얼에서 마음으로, 마음에서 행위로, 그렇게 우주-자연-인간의 대화는 끝없이 이어집니다.

CoTS Verses for Weeks 8 and 45

Eighth Week(May 26-June 1)

The senses' might grows strong

United with the gods' creative work;

It presses down my power of thinking

Into a dreamlike dullness.

When godly being

Desires union with my soul,

Must human thinking

In quiet dream-life rest content.

8주(5월 26-6월 1일)

신들의 창조와 함께

감각의 힘은 강하게 자라납니다.

그것은 사고의 힘을

꿈같은 몽롱함으로 짓누릅니다.

신성이 내 마음과 하나 됨을 원할 때

인간의 사고는
고요히 꿈꾸는 삶을 내려놓아야 합니다.

Forty-fifth Week(February 9-15)

My power of thought grows firm
United with the spirit's birth.
It lifts the senses' dull attractions
To bright-lit clarity.
When soul-abundance
Desires union with the world's becoming,
Must senses' revelation
Receive the light of thinking.

45주(2월 9-15일)

사고의 힘은
얼의 탄생과 함께 굳건해집니다.
그것은 감각들의 우둔함을
빛나는 명료함으로 이끕니다.

넘치는 감성이
세계의 생성과 하나 됨을 원할 때
감각의 계시는
사고의 빛을 받아들여야만 합니다.

〈해설〉

8주는 절기상 입하를 지난 여름의 초입입니다. 낮이 길어지며 만물이 꽃을 피우기 시작하는 때입니다. 감각과 사고(초감각)는 대비를 이루는 의식 상태입니다. 슈타이너는 '감각이 세계를 분리시키고 사고가 분리된 세계를 재통합한다.'라고 말하죠. 12감각은 각각 고유의 대상을 갖고 있어 세계를 각 감각이 별개로 인식합니다. 그러나 조용한 관찰과 응시를 통해 자라나는 직관적 의식인 사고는 그 분리되어 보이는 세계가 질서 있게 유기적으로 연결되어 있음을 이해하는 정신입니다. 신성의 만물 창조가 한창일 때 감각은 현란한 세계의 출현에 흠뻑 취하고 반대로 사고는 잠시 '몽롱'한 상태가 되고 맙니다. 생명의 근원인 태양빛이 강해질수록 모든 사물은 최대치의 분산을 향해 달리고 거꾸로 겨울이 다가오면 수렴과 통일로 기울게 됩니다. 그래서 여름은 감각의 전성기가 되고 겨울은 사고의 안식처가 됩니다. 여름은 사고가 몽롱한 상태가 되고 겨울은 감각이 잠든 상태가 됩니다. 여름을 향해 내달리는 이 시기에 세계와 나는 분리, 분산되어 별개인 것처럼 느껴지지만 때가 오면 세계와 나, 신성과 내 마음이 하나 되는 순간이 오고 그때는 이 꿈이 꿈이었던 줄 알아야만 합니다.

45주는 입춘을 막 지난 때입니다. 동지 녘에 가장 뚜렷했던 사고의 힘이 새로운 창조를 준비할 시기를 맞는 때입니다. 사고(think)는 영(spirit)의 자의식이며 '깨어 있는' 상태입니다. 반면 감각-지각, 감성(feel)은 혼(soul)의 의식이고 '꿈'꾸는 상태입니다. 그러므로 사고가 없다면 꿈꾸는 듯한 둔함은 결코 세계 질서를 분명히 이해하지 못합니다. 이제 곧 봄이 와서 세계는 즐겁고 화려한 '생성'의 축제로 들어가겠지만 감각의 활동은 자기 뒤의 사고를 전제하지 않는다면 아무 발전 없는 무의식(잠)으로 빠지고 말 것입니다. 감각이 한껏 자신을 드러낼 때조차(동감) 조용히 뒤따르는 사고의 힘(반감)과 함께함으로써 인간 의식은 진화합니다.

CoTS Verses for Weeks 9 and 44

Ninth Week(June 2-8)

When I forget the narrow will of self,
The cosmic warmth that heralds summer's glory
Fills all my soul and spirit;
To lose myself in light
Is the command of spirit vision
And intuition tells me strongly:
O lose yourself to find yourself.

9주(6월 2-8일)

내가 '자기'의 좁은 의지를 잊을 때
여름의 영광을 예고하는 우주 온기는
내 마음과 얼을 가득 채웁니다;
빛 속에서 나를 잃는 것은
얼을 향한 의무라고
직관은 나에게 분명히 말해 줍니다:

오. 너를 찾기 위해서는 너를 버려라.

Forty-fourth Week(February 2-8)

In reaching for new sense attractions,
Soul-clarity would fill,
Mindful of spirit-birth attained,
The world's bewildering, sprouting growth
With the creative will of my own thinking.

44주(2월 2-8일)

새로운 감각의 끌림에 닿아,
텅 비었던 마음은
얼-씨앗을 품고
세상을 흔들어 깨워 싹트게 하는
내 사고의 창조적 의지로 가득 찹니다.

⟨해설⟩

'나는 무엇인가?'라는 존재 질문에 대한 자의식인 인간의 정체성은 의식 수준에 따라 변해 갑니다. 식물의 성장이 싹에서 줄기로 이어지듯 청년의 정체성 또한 좁은 자의식에 갇힌 때를 지납니다. 그러나 자신의 진면목을 찾으려는 열정은 인간을 빛을 향해 나아가게 합니다. 그렇게 온 힘으로 세상과 부딪히고 고통스러운 탐구를 함으로써 비로소 인간은 이기적 에고(ego)가 환상이었음을 알게 됩니다. 한 번은 찾기 위해 그토록 애썼던 자아를 초월함으로써, 인간은 자기를 넘어선 주체로 거듭납니다. 인간이 나를 찾기 위해 나를 버리는 모순의 공존적 존재라는 것은 인간이 우주적 실재의 재현임을 증명합니다.

그렇게 현란한 세상에 정신을 잃고 지내던 '나'는 허무의 끝에서 새 생명을 느끼게 됩니다. 욕망에 들끓던 마음뿐 아니라 세상에 대한 사랑으로 살아가며 생명을 창조할 수 있는 영적 기운에 다가갑니다. 이 얼의 씨는 더 큰 세상을 잉태할 것입니다. 갈등, 반목, 고통과 허무를 넘어 세계를 품고 자연과 우주를 내면에서 다 품어 내는 새 정신을 만들어 낼 것입니다.

CoTS Verses for Weeks 10 and 43

Tenth Week (June 9-15)

To summer's radiant heights
The sun in shining majesty ascends;
It takes my human feeling
Into its own wide realms of space.
Within my inner being stirs
Presentiment which heralds dimly,
You shall in future know:
A godly being now has touched you.

10주(6월 9-15일)

뜨거운 여름의 절정에서
빛나는 태양이 장엄하게 떠오릅니다;
그것은 내 감성을
자신의 넓은 공간으로 이끕니다.
내 안에서

희미한 예감이 꿈틀거립니다.

너는 곧 알게 되리라:

어떤 신성이 이제 네게 이르렀음을.

Forty-third Week(January 26-February 1)

In winter's depths is kindled

True spirit life with glowing warmth;

It gives to world appearance,

Through forces of the heart, the power to be.

Grown strong, the human soul defies

With inner fire the coldness of the world.

43주(1월 26-2월 1일)

겨울의 바닥에서

온기를 머금은 참된 영이 피어납니다;

그것은 (모든 것을) 존재하게 하는 마음의 힘을 통해

세상에 모양을 줍니다.

세상의 냉기를 내면의 불로 밝히며

인간의 마음은 강하게 자랍니다.

〈해설〉

10주는 하지를 앞두고 있는 때입니다. 1년 안에서는 여름, 우주년에서는 달기(아스트랄체가 주도하는 시기)의 활동이 정점을 향하는 때입니다. 자연에서 이렇게 '분산적 힘'이 강할 때 인간의 감성은 극대화됩니다. 슈타이너는 인간의 감성을 감각혼, 오성혼, 의식혼으로 세분하는데 아스트랄적 힘의 정점은 그중에서도 오성혼의 발달을 두드러지게 할 때입니다. 이는 동시에 세계를 분리해서 알게 하는 '감각 지각'과 반감과 사고의 힘에 의해 이것을 재통합하려는 '개념' 형성의 긴장감이 고조되는 때이기도 합니다. 그래서 이 힘은 '내 감성을 자신의 넓은 공간으로' 이끌지만 내면에서는 이미 의식혼을 향한 의식의 진화가 예비됩니다. 그리하여 우리는 '너는 곧 알게 되리라: 어떤 신성이 이제 네게 이르렀음을.'이란 계시를 받습니다.

대칭을 이루는 43주는 특별한 때입니다. 진정한 의미의 '창조'가 용틀임을 하는 때입니다. 한겨울 동지를 지나고 땅 아래에서는 온기가 오르기 시작합니다. 『요한복음』의 창세기는 다음과 같이 우주에서 신의 창조가 일어나는 과정을 장엄하고 사실적으로 묘사했습니다.

1. 태초에 말씀이 계시니라. 이 말씀이 하나님과 함께 계셨으니 이 말씀은 곧 하나님이시니라.
2. 그가 태초에 하나님과 함께 계셨고
3. 만물이 그로 말미암아 지은 바 되었으니 지은 것이 하나도 그가 없이는 된 것이 없느니라.
4. 그 안에 생명이 있었으니 이 생명은 사람들의 빛이라.
5. 빛이 어둠에 비치되 어둠이 깨닫지 못하더라.

말씀이 빛과 열과 온기가 되고 그 안에 생명이 있어 사람들에게 들어갔다고 말합니다. 내면의 빛, 그것이 마음입니다. 이제 우주에서 온 이 생명력은 인간의 마음이라는 힘으로 변해 세상에 창조력을 발휘할 것입니다. 비록 당장은 어둠이 그 빛을 깨닫지 못하더라도 마음은 점점 강하게 자라날 것입니다.

CoTS Verses for Weeks 11 and 42

Eleventh Week(June 16-23)

In this the sun's high hour it rests

With you to understand these words of wisdom:

Surrender to the beauty of the world,

Be stirred with new-enlivened feeling;

The human I can lose itself

And find itself within the cosmic I.

11주(6월 16-23일)

이 태양이 절정인 때

당신은 다음의 지혜를 얻습니다:

세계의 아름다움에 압도되어

새롭게 태어나는 느낌으로 들뜬 채

개체-나는 사라지고

우주-나 속에서 자신을 찾을 수 있게 될 것입니다.

Forty-second Week (January 19-25)

In this the shrouding gloom of winter
The soul feels ardently impelled
To manifest its innate strength,
To guide itself to realms of darkness,
Anticipating thus
Through warmth of heart the sense-world's
revelation.

42주 (1월 19-25일)

이 잦아드는 겨울의 침잠 속에서
마음은 격렬하게, 자기 내면의 힘을
드러내도록 떠밀림을 느낍니다.
이 깊은 어둠 속에서
가슴의 온기를 통해
감각-세계의 나툼을 느낍니다.

〈해설〉

월		4	5	6		
	지호	☷	☷	☷	귀문	
3	☷	기분	하지 월굴		☷	7
2	☷	춘분		추분	☷	8
1	☷		천근 동지	무분	☷	9
	인로	☷	☷	☷	천문	
		12	11	10		

이 그림은 1년 4계절 12달의 음양 기운을 주역 대성괘로 표현한 것입니다. 12벽괘라고 합니다. 달의 숫자는 음력으로 표시된 것이기에 오늘날 달력보다 한 달여 느리게 표시되어 있습니다. 그러므로 6월 중순인 11주는 위 그림 5월에 해당합니다. 42주는 12월에 해당합니다. 이 그림은 직관적으로 11/42주 자연의 기운을 볼 수 있게 해 줍니다.

11주는 드디어 양기의 절정을 맞는 때입니다. 분산력의 상징인 루시퍼가 그 최대치의 힘을 발휘할 때입니다. 그러나 언제나 정점은 곧 '전환점'이기도 합니다. 생명을 키우고 활짝 꽃 피게 했던 그 힘은 수렴과 응축을 향해, 열매를 맺고 속으로 침잠해 가며 그동안의 모든 힘을 안으로 성숙시키는 때로 나가지 않을 수 없습니다. 이곳이 바로 개별자의 정점이며 그러므로 감각의 분리가 없는 영의 세계로 나가는 출발점입니다. 그래서 분산력을 뜻하는 양기운이 절정인 때, 응축력을 뜻하는 음기운이 가장 아래 보이지 않는 곳에서 들어옵니다. 이 힘에 의해, '아름다움에 압도'되고 '새롭게 태어나는 느낌으로 들뜬 채' '나'는 변해 갑니다. 감각의 세계는 필연적으로 초감각의 세계와 순환합니다. 개별자는 보편과 합일합니다.

그 반대편에 있는 42주는 이와 대칭적이며 뒤집힌 작용이 일어나는 곳입니다. 겉이 수축되는 열매의 계절을 지나 속마저 응축되어 씨가 되는 겨울을 나고 한껏 웅크렸던 우주의 힘은 격렬하게 터져 나오려 합니다. 깊은 어둠 속에서 '태초의 말씀' 그 떨림을 맞이하려 합니다. 그리하여 점점 열기를 더해 가며 그 열과 빛을 지나 새로운 세계의 탄생을 준비합니다. 이제 하나의 떨림으로 있던 영의 힘은 다가올 봄에 그 찬란한 모습을 다시 드러낼 것입니다.

CoTS Verses for Weeks 12 and 41

St. John's Tide(June 24)

The radiant beauty of the world

Compels my inmost soul to free

God-given powers of my nature

That they may soar into the cosmos,

To take wing from myself

And trustingly to seek myself

In cosmic light and cosmic warmth.

12주(6월 24일)

세상의 눈부신 아름다움은

내 본성 깊은 곳 신성을 해방시킵니다.

우주로 솟구쳐 오를 내 안의 신성이

내게서 날개를 가져가

우주의 빛과 온기 안에서

나 자신을 찾아내게 하소서.

Forty-first Week(January 12-18)

The soul's creative might
Strives outward from the heart's own core
To kindle and inflame god-given powers
In human life to right activity;
The soul thus shapes itself
In human loving and in human working.

41주(1월 12-18일)

마음의 창조적 힘은
신성에서 받은 힘들을
인간 삶의 바른 행위로 불 붙이고 밝히려
가슴 한가운데서 솟구쳐 오르려 합니다;
마음은 인간의 사랑과 천명 안에서
스스로를 만들어 갑니다.

⟨해설⟩

41주의 시(1월 12일)는 '신성에서 세상으로' 방향을 가리키고 12주의 시(6월 24일)는 '세상에서 신성으로'의 방향을 가리킵니다. 계절상으로 41주는 겨울에서 봄으로, 12주는 여름에서 가을로 방향을 가리킵니다.

인지학의 바탕인 신지학은 인도 베단타에 기반합니다. 베단타는 계절의 기운을 4대설로 구분하는데 동양의 오행론 중 사상에 해당합니다. 봄-여름-가을-겨울의 기운이 베단타에서는 풍-화-지-수가 되고 사상에서는 목-화-금-수가 됩니다. 인도의 풍지가 동양의 목금에 해당합니다. 이것은 문화적 표현 차이일 뿐 그 성질에 대한 내용적 이해는 본질적으로 동일합니다. 이런 사시 구별에서 차갑고 응축된 기운의 겨울은 영(spirit)의 거처고 뜨겁고 분산된 기운의 여름은 개아(個我)의 거처가 됩니다. 한쪽이 세계를 통일시키는 기운이라면 그 반대는 세계를 분산시키는 기운인 것이죠. 한쪽이 고요히 새 생명 탄생을 준비하는 것이라면 반대편은 화려하게 전개된 세계가 재통일될 시기를 기다리는 곳입니다.

그래서 41주의 시에서는 겨울에 무르익은 신성이 드디어 튀어나와 인간의 사랑과 삶의 과제라는 세상 속으로(봄. spring은 겨울의 spirit이 솟구친 것) 자기를 실현할 것이라 예언합니다. 반면 12주의 시에서는 '에고'의 상태인 자아에서 날개를 빼앗아, 루시퍼의 비행을 끝내고 영적 주체로 재탄생할 미래의 나, 우주적 나에게로 향할 것이라 예언하고 있습니다.(가을은 의식이 성숙하여 열매 맺고 재탄생하는 자리입니다. 동양에서는 '살별', '숙살지기'라 표현합니다. 물리적 기운이 끝나고 맺힌 열매 속에 미래 씨앗이 만들어지는 시기) 동일한 신성이 한 번은 세상 속으로, 또 한 번은 우주 속으로 순환하며 인간을 이끌어 영적 진화를 이루어 갈 것이라는 잠언입니다.

CoTS Verses for Weeks 13 and 40

Thirteenth Week(June 30-July 6)

And when I live in senses' heights,

There flames up deep within my soul

Out of the spirit's fiery worlds

The gods' own word of truth:

In spirit sources seek expectantly

To find your spirit kinship.

13주(6월 30-7월 6일)

그리고 내가 감각의 높이에서 살 때,

영의 불같은 세계에서 나와

내 혼 깊은 곳에 불타오르는

신들의 진실한 말이 있습니다.

영의 근원들은 너의 영적 인연을

예지하리라.

Fortieth Week(January 5-11)

And when I live in spirit depths
And dwell within my soul's foundations,
There streams from love-worlds of the heart,
To fill the vain delusion of the self,
The fiery power of the cosmic Word.

40주(1월 5-11일)

그리고 내가 영 속에 살 때
그리고 내 혼의 뿌리 안에 머물 때
거기에는 마음속 사랑의 세계에서 흘러나와
공허한 자아를 채우는
우주적 계시의 불같은 힘이 있습니다.

〈해설〉

13주는 하지가 지난 첫 주입니다. 그야말로 감각 세계의 정점에 해당하는 때입니다. '양극성의 순환'이라는 원리로 움직이는 세계는 그 정점일 때 반대의 극을 예지하게 합니다. 영의 세계는 지치지 않는 창조의 장입니다. 그러나 그 창조의 불길은 세계를 분리해 보게끔 하는 감각의 방해로 잊히고 맙니다. 그럼에도 불구하고 인간의 마음 깊은 곳에서는 자기의 고향을 '영감(inspiration)'처럼 간직합니다. 그 영감이야말로 '신들의 진실한 말'입니다.

이 말을 들을 수 있다면 지천명(知天命)이 되는 것이고 카르마를 아는 것이며 자신의 삶의 과제를 앎으로써 운명의 주인이 되는 것입니다. 자신의 성장 과정을 근본적으로 되돌아봐서 그 의미를 아는 것을 동양의 주역에서는 성변화(成變化)라 합니다. 우주, 자연의 질서를 그대로 재현하고 있는 인간 존재의 변화 과정을 이해했다면 다가올 날의 움직임도 예지할 수 있습니다. 우리 안에 신성이 있기 때문에 가능한 일이죠. 이렇게 신성의 예지력을 일깨워 삶의 주인으로 사는 것을 행귀신(行鬼神)이라 합니다.

40주는 인간이 본향(本鄕)인 영계에 살 때 모습을 그리고 있습니다. 그곳이야말로 '혼의 뿌리'죠. 영의 본성인 창조의 힘은 세계에 대한 무한한 사랑으로 향합니다. 이 신적인 사랑의 힘이 '공허한 자아'를 채우려 합니다. 이때 공허는 허무의 뜻이 아닙니다. 몸·혼·영, 고체·액체·기체처럼 3원성이 모두 갖추어진 상태를 한 단계 진화시키려는 신성의 과제가 펼쳐지므로 그 채워야 할 상태를 가리키는 표현으로 쓰인 것입니다. 그리고 그 세계는 지구기 신성의 표현인 '자아'를 통해서만 이루어질 수 있습니다. 신성은 우주적 질서를 행하며 불같은 힘으로 새로운 창조를 거듭할 것입니다.

제2장 여름

CoTS Verses for Weeks 14 and 39

Fourteenth Week (July 7-13)

SUMMER

Surrendering to senses' revelation

I lost the drive of my own being,

And dreamlike thinking seemed

To daze and rob me of myself.

Yet quickening there draws near

In sense appearance cosmic thinking.

14주 (7월 7-13일)

여름

감각들의 현현(顯現)에 무릎 꿇고

나는 존재의 동력을 잃어,

몽상이 현혹하고 나를 잃게 합니다.

그러나 감각의 외형 바로 앞에

우주적 사고는 깨어납니다.

Thirty-ninth Week (December 29-January 4)

Surrendering to spirit revelation

I gain the light of cosmic being;

The power of thinking, growing clearer,

Gains strength to give myself to me,

And quickening there frees itself

From thinker's energy my sense of self.

39주(12월 29-1월 4일)

영의 현현(顯現)에 무릎 꿇고

나는 우주 존재의 빛을 얻습니다;

사고의 힘은 점점 분명해져

내게 스스로를 되찾아 줄 힘을 얻고

생각하는 자의 힘에서 스스로를 해방시켜

내 자아 감각을 깨웁니다.

〈해설〉

14주는 하지 한여름보다 위험한 때입니다. 이 시기에 와서, 여름이라는 계절의 열기는 루시퍼(빛을 발하는 자)라는 이름으로 대변되는 만물의 분산이 정점에 이릅니다. 하지 때 해의 길이가 가장 길지만 지상의 열기는 그 이후로 더 기승을 부립니다.

모든 존재의 분산이 극에 달할 때 감각 세계의 세분화된 전개 역시 극에 달하게 되고 마치 정신을 분열시키는 것 같은 계절의 힘에 떠밀려, 인간의 자아마저 그 중심을 잃기 쉬워집니다. 그리하여 '감각들의 현현(顯現)에 무릎 꿇고 / 나는 존재의 동력을 잃어, / 몽상이 현혹하고 나를 잃게 합니다.'라는 표현이 적절한 때가 늦여름이 인간에게 주는 영적 시련입니다.

그러나 언제나 그렇듯 순환하는 우주는 하나의 정점에서 다음 단계를 예비해 줍니다. 외적으로 분열된 의식이 숨넘어가려는 순간, 그 앞에는 인간을 구원할 사고의 계절이 기다리고 있습니다.

39주는 성스러운 기운이 넘쳐나는 때입니다. 감각의 반대편에 있는 영의 기운이 가장 활발한 때이기 때문입니다. 동지와 크리스마스를 지난 직후인 이때는 자연의 통합적 힘이 정점에 달한 때이며 투명한 사고의 힘이 또렷이 깨어 있을 때입니다. 그리하여 세계와 분리될 수 없는 자아를 떠올릴 수 있게 하며 다가올 봄을 위한 자아의 싹을 마련합니다. 비록 재생된 세계에서 다시 자신을 잃을 위험이 늘 도사리고 있다 해도, 이 시기에 준비된 나와 세계의 통합으로서 자아, 개별적 보편자, 혹은 '나는 나다.'의 자유로운 개인의 자아-싹은 사라지지 않고 인간의 카르마 속에서 깨어날 날을 기다리게 될 것입니다. 그럼으로써 인간은 자유를 꿈꿀 수 있게 될 것입니다.

CoTS Verses for Weeks 15 and 38

Fifteenth Week(July 14-20)

I feel enchanted weaving

Of spirit within outer glory.

In dullness of the senses

It has enwrapt my being

In order to bestow the strength

Which in its narrow bounds my I

Is powerless to give itself.

15주(7월 14-20일)

나는 세상의 영광 안에

마법처럼 짜인 얼의 물결을 느낍니다.

그것은 우둔한 감각 안에서,

좁은 굴레 속에서,

스스로는 무력한 내 자아에게

힘을 주기 위해 내 존재를 감쌉니다.

Christmas (December 22-28)

The spirit child within my soul
I feel freed of enchantment.
In heart-high gladness has
The holy cosmic Word engendered
The heavenly fruit of hope,
Which grows rejoicing into worlds afar
Out of my being's godly roots.

38주 (12월 22-28일)

내 마음(혼)속 얼(영)의 아이
나는 마법에서 풀려남을 느낍니다.
신성한 우주의 한 말씀이
천국 같은 희망의 열매를 맺어
가슴 가득한 기쁨으로
저 멀리 내 존재의 신성한 뿌리로부터
세상과 다시 만나기 위해 자라납니다.

〈해설〉

15주, 여름의 절정인 하지가 지나고 나면 자연은 한 해 생명 순환의 결실을 준비합니다. 여름의 열기와 아스트랄의 화려한 분열적 힘에 만화방창하던 꽃들은 열매를 맺을 때를 눈앞에 둡니다. '세상의 영광'은 감각할 수 있는 현실의 찬란한 개화입니다. 그러나 여전히 여름의 열기가 가시지 않은 이때, 그래서 여전히 이 모든 존재가 어디로부터 왔는지 그 기원을 뚫어 보기 힘든 이때, 그런 중에도 얼의 물결, 만물을 열매 맺게 하고 인간에게 찬란한 감각 분화의 귀결이 결국 무엇인지 알게 하는 사고의 기운을 북돋는 '얼의 물결'은 서서히 다가옵니다. '우둔한 감각'은 분산된 상들을 통일시킬 줄 모릅니다. 감각을 통해 세상을 아는 때의 자의식은 분리된 개체 자아, '좁은 굴레 속에서 스스로는 무기력한' 모습으로 남아 있습니다. 그러나 곧 가을이 다가오듯, 필연적으로 얼의 기운은 모든 존재를 감싸고 살며시 다가옵니다.

동지와 크리스마스를 지나는 38주는 연중 가장 성스러운 때입니다. 세상을 환하게 밝혔던 영의 힘은 이제 지구의 내면으로, 인간의 최심층으로 귀향합니다. 만물이 겨울에 잠들고 여름에 깨듯, 우주 영은 여름에 잠들고 겨울에 깨어납니다. 감각의 번잡함이 가져온 '마법에서 풀려'납니다. 우주와 자연의 원형이 어떤 것인지, 세상 모든 기운이 모이고 압축된 이 시기에 영은 자기 존재 본질을 스스로 자각합니다. 모든 운동 변화의 원형으로 되돌아온 영은 스스로 만물의 '신성한 뿌리'였음을 자각하고 새롭게 '세상과 다시 만나기' 위한 창조의 시간으로 들어갑니다.

〈일양시생(一陽始生) 동짓날〉

한 해가 가면 새해가 옵니다.
어제의 나는 오늘의 내가 됩니다.
모든 해, 모든 날이 새 날입니다.
모든 날의 '나'는 새로 태어납니다.

지난해가 있어 지금 해가 있고
어제가 있어 오늘이 있습니다.
모든 새로움은 속 깊이 영원을 품었습니다.

오늘의 나는 새 세상, 새로운 나입니다.

지금의 나는 영원을 품은 '나-자체'입니다.

'지금, 여기'에서 나는
귀하신 그리스도의 가르침 '나는 나다.'를
영원히 새로운 내 속에 담습니다.

새롭고 영원한 생명의 귀환을 경외(敬畏)하는 오늘
새롭고 영원한 나도 다시 태어납니다.

(박규현 작, 2021년)

CoTS Verses for Weeks 16 and 37

Sixteenth Week(July 21-27)

To bear in inward keeping spirit bounty

Is stern command of my prophetic feeling,

That ripened gifts divine

Maturing in the depths of soul

To selfhood bring their fruits.

16주(7월 21-27일)

나의 예감은 내게 단호히 명합니다.

얼의 보상을 내면에 간직하길,

잘 자란 신의 선물

마음 깊은 곳에서 열매 맺어

자아의 결실 가져오라고.

Thirty-seventh Week(December 15-21)

WINTER

To carry spirit light into world-winter-night
My heart is ardently impelled,
That shining seeds of soul
Take root in grounds of worlds
And Word Divine through senses' darkness
Resounds, transfiguring all life.

37주(12월 15-21일)

겨울

세계의 거울-밤으로 얼의 빛을 전하기 위해
내 심장은 격렬히 고동치고,
저 찬란한 마음의 씨앗들은
세계 저변에 뿌리내리고
'태초의 한 말씀'은
감각의 어둠을 뚫고 울리며
온 생명으로 다시 피어납니다.

⟨해설⟩

16주는 여름이 절정을 지나는 때입니다. 현실 세계는 만물의 분화와 열기가 정점에 이를 때지만 이미 이면에서는 생명력의 통합과 성숙이 준비되는 때이기도 합니다. '얼의 보상'은 인간에게는 성숙한 자의식이고 식물에게는 열매 맺음을 뜻합니다. 씨앗일 때 알 수 없었던 모든 생명의 숨은 힘들은 한여름의 열기 속에 활짝 모습을 드러내고 이제 그 힘들을 '내면'으로 갈무리합니다. '마음 깊은 곳'은 얼의 자리고 '자아의 결실'은 자신의 진정한 기원과 과제를 알아차린 깨어 있는 정신입니다. 봄과 같은 소년기와 여름과 같은 청년기의 질풍노도를 지나 장년의 가을로 들어서는 입구가 여기입니다. 그 많은 혼란과 갈등과 꿈같은 인연들은 나를 어디로 이끌려 했던 것인가? 나의 기질과 성격과 운명은 무엇을 이루려는 신의 섭리였나? 밖으로 향했던 사람의 눈이 방향을 돌려 안을 향하게 될 때, 그 준비된 결실을 찾게 될 것입니다.

37주는 세상이 잠든 때입니다. 그러나 보이는 세상이 잠든 때 보이지 않는 세계의 얼은 오히려 깨어납니다. 가을 열매 속의 종자들은 한겨울을 보내며 다가올 봄의 생명력을 비축하듯, 사람의 얼은 유기체의 물질을 뚫고 감각이란 통로로 세상을 만나 다시 '찬란한 마음'으로 피어날 준비를 합니다. 그 '신의 말씀'은 세상을 창조한 '태초의 말씀'과 같은 우주적 울림이며 떨림입니다. 말씀 안에 생명이 숨어 있었고 그것이 사람들이 빛이라 하는, 즉 보이는 세계로, 보이지 않는 어둠을 뚫고 올라와 피었다는 복음서의 진리는 인류의 모든 지혜 전통 속에 이어져 왔습니다. 사람의 마음도 영의 세계에서 준비된 울림-말씀에 따라 세상에 피어난 것이지만, 미숙한 때에는 이를 알지 못한다고 합니다. 사람의 감각과 마음은 얼이 자신을 드러내는 통로라는 깨달음. 이 주의 영혼달력은 이를 말해 줍니다.

CoTS Verses for Weeks 17 and 36

Seventeenth Week(July 28-August 3)

Thus speaks the cosmic Word
That I by grace through senses' portals
Have led into my innermost soul:
Imbue your spirit depths
With my wide world horizons
To find in future time myself in you.

17주(7월 28-8월 3일)

그리하여 한 말씀은 이렇게 말합니다.
감각들의 관문이란 축복이
나를 마음 가장 깊은 곳으로 이끌었다:
다가올 날에 네 안에서 나를 찾기 위해
네 얼의 깊이를
내 넓은 세계 지평으로 가득 채우라.

Thirty-sixth Week(December 8-14)

Within my being's depths there speaks,

Intent on revelation,

The cosmic Word mysteriously:

Imbue your labor's aims

With my bright spirit light

To sacrifice yourself through me.

36주(12월 8-14일)

자신을 드러내려

우주의 한 말씀은

내 존재 깊이에서 신비롭게 말합니다:

나를 통해 너를 바치기 위해

네 노고의 목표를

내 밝은 얼의 빛으로 가득 채우라.

〈해설〉

17주
깊은 심연으로 가기 위해서는 먼저 '감각들의 관문'을 두루 거치지 않으면 안 됩니다. 산이 높아야 골이 깊듯 신성이 만든 생명의 표면인 감각의 세계가 충분히 경험되어야만 그 원천으로서 신성이 예지되는 것입니다. 그래서 신성/감각은 선/악이 아니며 오히려 서로가 서로를 비추는 관계라서 '축복'일 수 있는 것이겠죠.

'넓은 세계 지평'을 마음껏 여행하는 자만이 '나를 마음 가장 깊은 곳으로 이끌' 수 있습니다. 그 여행이 때로는 고되고 혼란스럽고 심지어 지난한 갈등을 겪는 과정이라 할지라도 어느 하나 외면하지 않고 당당히 마주보고 살아갈 때, 그 운명에 대한 이해와 사랑이 있을 때, '다가올 날'에 자기 안의 신성을 찾게 될 것입니다. 이 시는 '네 안에서 나를 찾기 위해' 운명애(amor fati)를 품으라고 말합니다.

삶의 고통마저 사랑할 때, 신이 우리를 찾아올 것입니다.

36주

이번 시에 나오는 '우주의 한 말씀'은 막연한 상징이나 수사적 시어가 아닙니다. 인지학의 바탕이 되는 신지학-신비학에서는 이 한 말씀을 그리스도의 전신으로 봅니다. 그 근거가 성경에는 『요한복음』의 창세기에 나와 있습니다.

1. 태초에 말씀이 계시니라. 이 말씀이 하나님과 함께 계셨으니 이 말씀은 곧 하나님이시니라.
2. 그가 태초에 하나님과 함께 계셨고
3. 만물이 그로 말미암아 지은 바 되었으니 지은 것이 하나도 그가 없이는 된 것이 없느니라.
4. 그 안에 생명이 있었으니 이 생명은 사람들의 빛이라.
5. 빛이 어둠에 비치되 어둠이 깨닫지 못하더라.

이 '태초의 말씀'이란 뜻으로 '한 말씀'이 나옵니다. 『요한복음』에는 말씀=하나님=창조주=생명=빛이라는 중요한 선언이 기록되어 있고 슈타이너 역시 이 구절의 깊은 의미를 특별히 중요하게 생각해서 『요한복음 강의』를 남기기도 했습니다. 이 신성이 인간에게 다가올 때는 '존재 깊숙한 곳', 심연에서 '신비롭게' 다가옵니다. 마치 원래 내 안에 있었던 것처럼 말을 걸어 온다는 것이지요.

슈타이너는 『자유의 철학』에서 자기 행위의 동기를 아는 자만이 자유로워진다고 밝힙니다. 그리고 그 동기를 알기 위해서는 외부가 아니라 내면으로 시선을 돌려 가장 심층적인 수준으로 깊숙이 관조, 사고해야만 합니다. 이성적으로 보이는 판단 아래 감정이 숨어 있고 그 감정은 오랜 시간 누적된 어떤 무의식적 기억이나 상처와 연결되어 있고 그것은 다시 각자의 카르마에서 기인한 식으로 동기의 심층은 깊습니다. 그래서 우리 의식은 깊이 내려갈수록 높이 상승하는 식으로 성숙해 갑니다. 그렇게 심연을 밝혀 보면 거기에는 우주를 만들었던 힘으로서 신성이 숨어 있습니다. 결국 이 내면의 빛을 발견하는 자, 곧 신성과 하나 되는 경험을 하는 자만이 자유를 얻겠죠. 이렇게 신성과 하나 되어 큰 자유를 얻은 이는 그가 세상에서 어떤 일을 하든 그 일 속에서 경건하고 성스러운 의미를 찾게 될 것입니다. 그래서 자연히 '노동의 목표를 내 밝은 얼의 빛으로 가득 채'우는 이가 될 것입니다.

CoTS Verses for Weeks 18 and 35

Eighteenth Week(August 4-10)

Can I expand my soul

That it unites itself

With cosmic Word received as seed?

I sense that I must find the strength

To fashion worthily my soul

As fitting raiment for the spirit.

18주(8월 4-10)

나는

태초인 우주의 말씀과

다시 일체가 될 만큼

내 마음을 넓힐 수 있는가?

나는

얼을 위한 맞춤옷으로

내 마음을 값지게 꾸밀 힘을

꼭 찾을 것을 느낍니다.

Thirty-fifth Week(December 1-7)

Can I know life's reality
So that it's found again
Within my soul's creative urge?
I feel that I am granted power
To make my self, as humble part,
At home within the cosmic self.

35주(12월 1-7일)

나는
내 마음의 창조적 열망 안에서
다시 찾아질 수 있을 만큼
삶의 실재를 알 수 있는가?
나는
우주 자아의 고향 안에서
소박한 한 조각으로 나 자신을 만들어 갈

힘을 선물받았음을 느낍니다.

〈해설〉

18주는 절정의 여름을 지나고 가을을 바라보는 때입니다. 씨앗과 줄기가 뻗어 나오는 봄이 인생의 '의지'를 보여 주는 때라면 잎과 꽃이 무성한 여름은 '감성'을 펼치는 때입니다. 그리고 이 모든 삶의 여정은 가을이 그러한 것처럼 '사고'를 통해 통합되고 매듭지어지고 열매 맺어서 생명의 기원인 '태초의 말씀'을 향해 나가게 될 것입니다. 어떤 이는 인생이라는 일장춘몽을 살아서 깨어날 테고 어떤 이는 영계의 정화 과정을 거치고 깨어나겠지만, 모든 인류는 혼과 영의 만남을 향해 나아갑니다. 그 과정이 바로 '얼을 위한 맞춤옷으로 내 마음을 값지게 꾸밀 힘'이라고 표현되고 있습니다.

겨울에 접어든 35주는 지구령이 깨어나는 때입니다. 인간의 마음도 밖이 아니라 안을 향해 한 뼘 자라나는 때입니다. '삶의 실재'는 물질과 정신의 통일, 감각과 영의 통일 속에서만 발견할 수 있고, 그 실재를 알았을 때 '창조적 열망'이 솟아납니다. 그 열망은 내가 폐쇄적인 개체 자아에 한정되지 않고 세계와 우주의 한 부분임을 알게 해 줍니다. 그것이 비록 희미한 직관이라 할지라도 우리는 우리 모두의 고향이 일체로서의 세계임을 알아 가는 여정 속에 있습니다.

CoTS Verses for Weeks 19 and 34

Nineteenth Week(August 11-17)

In secret to encompass now

With memory what I've newly got

Shall be my striving's further aim:

Thus, ever strengthening, selfhood's forces

Shall be awakened from within

And growing, give me to myself.

19주(8월 11-17)

새로 얻은 기억으로

지금을 비밀스럽게 감싸는 속에

나의 다음 운명이 자라납니다.

그리하여, 계속 강해지는 자아의 힘은

그 안에서 깨어나고 자라나

나에게 나 자신을 되찾아 줄 것입니다.

Thirty-fourth Week (November 24-30)

In secret inwardly to feel

How all that I've preserved of old

Is quickened by new-risen sense of self:

This shall, awakening, pour forth cosmic forces

Into the outer actions of my life

And growing, mould me into true existence.

34주 (11월 24-30)

내가 그토록 오래 품어 온 모든 것을

안으로 느끼는 비밀 속에

새로 태어난 자아 감각이 깨어납니다.

이것은 깨어나 내 생의 모든 행동에

우주적 힘을 쏟아 내며 자라나

나를 진정한 실존으로 창조합니다.

⟨해설⟩

19주는 여름의 말미, 가을의 입구입니다. 화려했던 꽃들은 열매로 변해 가고 대기를 덮던 온기들은 땅에 반사되어 모든 생명력을 수렴케 합니다. 이 수렴은 한 해를 살아 낸 '새로 얻은 기억'을 줍니다. 모든 꽃이 그러했듯 인간도 이때에 이르러 자신이 무엇인지를 확인합니다. 정신의 수렴은 곧 정체성의 확인이고 그 확인 속에서 인간은 자기다움을 알게 됩니다. 이 생의 과제가 무엇이었는지, 또 이어질 다음 생의 과제는 무엇이 될지. 실존에 대한 근본적 질문과 답에 다가섭니다. 열매 맺는 가을은 자기다움을 발견하는 계절이고, 그래서 아름답습니다.

겨울이 드는 34주에, 한 해 삶을 마감하고 우주적 삶을 이어 나가는 영적 존재들은 이제 모든 것을 '안으로 느끼'게 됩니다. 물질적 존재였을 때 비밀이었던 많은 것들이 영적인 새로운 자아 감각 속에서 명료하게 인식됩니다. 깨어나는 것입니다. 새로운 나는 세계와 내가 하나인 전일적(全一的) 상태로 다시 태어날 것입니다. 우주와 지구와 나의 만남이 곧 다가올 것입니다. 그때는 동양의 태극이기도 하고 서양의 그리스도이기도 한 신성의 축복이 내릴 것입니다.

CoTS Verses for Weeks 20 and 33

Twentieth Week(August 18-24)

I feel at last my life's reality

Which, severed from the world's existence,

Would in itself obliterate itself,

And building only on its own foundation,

Would in itself bring death upon itself.

20주(8월 18-24일)

나는 마침내 삶의 실재를 느낍니다.

세계의 실존에서 분리되어

자기 안에서 자기를 지우고

자기만의 기초를 세우려면

자기 안에서는 스스로 죽을 수밖에 없는 것.

Thirty-third Week(November 17-23)

I feel at last the world's reality

Which, lacking the communion of my soul,

Would in itself be frosty, empty life,

And showing itself powerless

To recreate itself in souls,

Would in itself find only death.

33주(11월 17-23일)

나는 마침내 세계의 실재를 느낍니다.

그것은 내 마음과 함께하지 못한다면

스스로는 냉정하고 텅 빈 삶이며

마음들 안에서 되살아나려 해도

자기 안에서는 죽음만을 발견할,

홀로는 무력할 뿐인 것.

〈해설〉

20주와 33주는 각각 가을과 겨울의 입구가 되는 때입니다. 이번 시에 두드러진 대구는 삶/세계(의 실재)입니다. 인지학의 가장 큰 특징은 동양의 음양오행론처럼 세계의 양극성, 이원성이 서로 응축과 분산을 거듭하며 하나의 통일체로 순환한다고 보는 것입니다. 동감/반감, 피/신경, 의지/사고, 표상, 형상 등이 모두 이런 관계를 보여 주는 현상들입니다. 철학적으로 현상과 본질이라 불리는 보이는 것과 보이지 않는 것을 여기서는 삶/세계라고 설정합니다. 이것은 세속과 신성의 관계이기도 하고 이 생과 영계의 관계이기도 합니다. 양면은 언제나 분리되어 보이지만 서로 뿌리를 맞대고 있습니다. 그러나 우리 감각은 이런 실상을 쉽게 놓치기도 하지요.

20주의 주인공인 '삶의 실재'는 '만약 이것이 이러저러하려고 하면 이렇게 된다.'고 가정법으로 표현하고 있습니다. 현실의 종합인 '삶의 실재'가 세계와 분리되어 영계와 순환적 관계를 잊고 자기 완결적인 이해를 하려고 하면 그것은 허무한 종말이라는 결론밖에 얻을 수 없다고 말합니다. 영계(세계의 실재)는 삶의 보이지 않는 생명원인 것입니다. 근원과 연결된 자신을 알지 못한다면 우리의 모든 삶은 일회적이고 우발적인 사건으로서 곧 죽을 허무한 무엇일 수밖에 없다고 말합니다.

33주의 주인공인 세계의 실재 역시 '자아의 마음(혼)과 함께' 가지 못한다면(이 표현이 바로 삶의 실재를 말합니다. 모든 생명 중에 가장 진화한 인간이기에 가지는 마음과 얼의 역동이 곧 우주적 신성의 자기 표현이기 때문입니다. 신성은 인간 마음을 통해 실현된다는 것이기도 하죠. 그 표현이 바로 삶의 실재라는 말입니다.) '스스로는 냉정'하고, 즉 혼자서는 아무 열기, 생기가 없고 텅 비어 운동 변화 없이 공허하며, 그래서 아무런 유의미한 생명 현상을 만들지 못한다고 말합니다.

그러나 사실 이 시에서는 자연의 기운을 의인화하여 '이러저러하게 행한다면~'이라는 가정 아래 홀로는 삶이 아니라 죽음을 맞이한다고 표현했지만 실재 우주, 자연의 운동에서는 불가능한, 상상적 가정일 뿐입니다. 상상 가능한 모든 이원성은 서로 뿌리를 맞대고 있기에 이 같은 상상적 가정이 실제 일어날 가능성은 없는 것이죠.

정신과 물질, 나와 너, 주체와 대상, 삶과 세계, 감성과 이성,

동감과 반감, 에테르와 아스트랄, 아리만과 루시퍼, 그 어떤 이원성도 홀로 독존할 수 없습니다. 이 모든 이원성을 대통합하는 우주적 신성을 우리는 '그리스도'라 하고 내 안에 이런 의미의 그리스도가 실재함을 찾음으로써 모든 차별적 경계 구별을 벗어나 자유로울 수 있는 자의식을 자아 감각(self sense)이라 합니다. 자연은 우리에게 그 큰 자아를 찾는 길을 묵묵히 보여 줍니다.

CoTS Verses for Weeks 21 and 32

Twenty-first Week(August 25-31)

I feel strange power, bearing fruit
And gaining strength to give myself to me.
I sense the seed maturing
And expectation, light-filled, weaving
Within me on my selfhood's power.

21주(8월 25-31)

나는 열매를 품은 낯선 힘을 느끼고
나에게 자신을 알려 주는 강인함을 얻습니다.
나는 씨가 무르익음을 느끼고
내 안 스스로의 힘과 함께
빛으로 가득 찬 물결을 예감합니다.

Thirty-second Week(November 10-16)

I feel my own force, bearing fruit
And gaining strength to give me to the world.
My inmost being I feel charged with power
To turn with clearer insight
Toward the weaving of life's destiny.

32주(11월 10-16)

나는 열매를 품은 스스로의 능력을 느끼고
나를 세상에 내놓을 강인함을 얻습니다.
내 존재의 심연에서, 분명한 통찰로
삶의 운명이라는 물결을 향해
돌아서는 힘이 차오름을 느낍니다.

〈해설〉

21주는 가을이 무르익는 때입니다. 우주와 자연에는 여름에는 볼 수 없었던 새로운 힘이 가득 찹니다. 그것은 '열매를 품은 낯선 힘'이며 나 자신이 열매 맺음을 바라볼 수 있게 됩니다. 봄과 여름의 지난한 과정은 이 열매를 위한 것이었습니다. 열매는 씨앗의 목적이자 존재의 완성태입니다. '나-다움'은 그 어떤 타자와 비교할 필요 없이 고유하며 우주를 주재하는 신성과 함께 '빛으로 가득 찬 물결'의 한 부분입니다. 이 자기다움, 이 생에서의 존재 의미와 과제를 알 때 서양에서는 신의 부름을 받았다고 표현하고 동양에서는 지천명(知天命)이라 일렀습니다. 가을이 열매의 계절이듯 삶의 가을, 성숙기는 지천명의 시간입니다.

32주는 가을을 지나며 분명해진 자기다움을 더욱 다지는 때입니다. 절기로는 입동이 지나 자연이 깨어나는 영적 시간, 겨울을 맞이하는 때입니다. 한 생을 지나 자신의 의미를 다진 존재는 새로운 세계 창조를 위해 스스로를 준비합니다. 그것은 인간의 자의적 욕망이 아니라 영적인 '존재의 심연에서, 분명한 통찰'로 이루어지며 '삶의 운명이라는 물결을 향해 돌아서는 힘이 차오'르는 과정입니다. 계절이 순환하듯 모든 존재는 늘 새로운 창조의 시간을 맞이합니다. 그리고 돌아오는 봄은 항상 새로운 봄입니다. 늘 새롭고 영원한 삶의 흐름 속에 우리 모두 살아갑니다.

CoTS Verses for Weeks 22 and 31

Twenty-second Week(September 1-7)

The light from world-wide spaces

Works on within with living power;

Transformed to light of soul

It shines into the spirit depths

To bring to birth the fruits

Whereby out of the self of worlds

The human self in course of time shall ripen.

22주(9월 1-7)

세계에서 오는 빛이
생명력 안에서 일합니다.
그것은 마음의 빛이 되어
세계의 자아에서 나온
인간의 자아가 무르익는 때에
열매를 맺기 위해

얼 깊은 곳을 비춥니다.

Thirty-first Week(November 3-9)

The light from spirit depths
Strives to ray outwards, sun-imbued;
Transformed to forceful will of life
It shines into the senses' dullness
To bring to birth the powers
Whereby creative forces, soul-impelled,
Shall ripen into human deeds.

31주(11월 3-9일)

얼의 깊이에서 나온 빛이
해의 힘을 담고 밖을 비춥니다.
그것은 강한 삶의 의지가 되어
마음을 재촉하는 창조력이
인간의 행위로 열매 맺어 갈
힘들을 낳기 위해

우둔한 감각들을 밝힙니다.

〈해설〉

22주는 가을이 깊어 가는 때입니다. 봄과 여름에 세상을 수놓았던 빛의 마법이 모든 생명과 인간의 내면으로 방향을 돌려 무르익어 가는 때입니다. 빛의 향연이 밖에서 안으로 방향을 바꿀 때 자연은 온갖 열매를 맺습니다. 자연이 빛의 힘을 갈무리하고 합하여 열매를 맺는 과정은 인간에게 사고가 익어 가는 과정과 똑같습니다. 화려한 감각의 향연은 지각을 거쳐 사고에 이르고 이때에 세계와 인간의 일치를 알려 줄 얼이 깨어날 것입니다.

31주는 겨울의 입구입니다. 세상은 또 한 생을 마친 생명의 순환이 고요히 잠드는 때지만 새 순환을 준비하는 얼의 창조력은 오히려 깨어나는 때입니다. 자연에서 가을의 열매를 이어 갈 씨앗을 만드는 작업이 일어날 때, 인간의 씨앗인 의지도 함께 마련됩니다. 때가 되면 의지는 마음의 힘을 타고 행위로 자기를 나타낼 것입니다. 이 주의 황도궁인 전갈자리는 인간 감각의 시작을 알리는 자리이기도 합니다. 특정 감각이라 할 수 없는 탄생 그 자체 의미인 '촉각'을 지나 '생명 감각'이 시작되는 곳입니다. 몸에 터잡은 의지는 씨앗이 되어 감각을 밝히고 감각은 마음을 만나 감성이 되고 마음의 성숙은 얼을 밝혀 사고로 승화해 갈 것입니다. 우주, 자연과 함께 인간의 삶도 영원한 순환의 여행을 함께 갑니다.

CoTS Verses for Weeks 23 and 30

Twenty-third Week(September 8-14)

There dims in damp autumnal air
The senses' luring magic;
The light's revealing radiance
Is dulled by hazy veils of mist.
In distances around me I can see
The autumn's winter sleep;
The summer's life has yielded
Itself into my keeping.

23주(9월 8-14일)

습한 가을 공기는
감각의 매혹적인 마술을 잦아들게 합니다.
열을 내는 빛들이
젖은 안개로 흐려집니다.
내 주변 멀찍이 나는

가을의 겨울잠을 봅니다.
여름의 생명은 내 속에 담긴 채 저물었습니다.

Thirtieth Week(October 27-November 2)

There flourish in the sunlight of my soul

The ripened fruits of thinking;

To conscious self-assurance

The flow of feeling is transformed.

I can perceive now joyfully

The autumn's spirit-waking:

The winter will arouse in me

The summer of the soul.

30주(10월 27-11월 2일)

내 마음의 태양 아래

사고의 열매가 자라납니다.

감각의 물결은

의식적 자아로 변합니다.

나는 즐거운 마음으로
가을-얼이 깨어남을 알 수 있습니다.
겨울은 마음의 여름에
내 안에서 깨어날 것입니다.

〈해설〉

23주는 추분을 앞두고 있는 때입니다. 우주의 4계절 중 봄을 태양기라 할 때 여름은 달기가 되고 가을은 지구기가 됩니다. 인지학에서는 그 계절을 이끄는 영적 힘들을 에테르-아스트랄-자아라 명합니다. 모든 생명이 봄에 태어나 자라듯 에테르는 생명력을 뜻합니다. 여름에 꽃이 피고 씨앗 속에 숨어 있던 모든 것이 화려하게 만개하듯, 아스트랄은 '감각의 매혹적인 마술'을 펼쳐 보입니다. '응축'된 내면이 아니라 '분산'된 외형이 절정에 달하는 때가 여름입니다. 그러나 그 화려함은 '열을 내는 빛들'이 흐려짐에 따라 조용히 자기 안으로 방향을 돌립니다. 그렇듯, 가을은 더욱 내면으로 향하는 겨울을 준비하며 성큼 다가옵니다. 마치 지난 여름이 가을인 지금 '내 속에 담긴 채 저물' 듯이요.

30주는 시기적으로는 추분에서 그리 멀지 않은 때입니다. 그러나 춘분-추분을 기준선으로 춘분에서 추분까지를 감각과 현실의 세계로 보고 추분에서 다음 춘분까지를 영의 세계로 보는 인지학의 관점에서는 다르게 보입니다. 춘분이 현실계의 봄이라면, 현실의 가을인 추분을 넘어선 시기는 영계의 봄이 됩니다. 동양의 음양 개념이 천사의 이름으로 표현된 아리만-루시퍼라 불러도 그 개념들이 가리키는 실재는 동일합니다. 외형의 세계, 밖에서 내면인 안으로 힘의 방향과 활동장이 이동합니다. 그래서 '내 마음의 태양'으로 장이 변했습니다. 여기에 감각 지각과 관념적 개념을 통합하는 '사고의 열매'가 자라납니다. 감각의 자리를 대신한 사고가, '매혹적인 마술' 같은 꽃을 대신한 '열매'가 익어 갈 때입니다. 영적으로는 바로 이 과정이 '감각의 물결'을 대체하는 '의식적 자아'이며 지구기의 신성이자 영입니다. 그러므로 깨어난 자아는 '즐거운 마음'으로 '가을-얼(영, 靈)'을 알아차립니다. 현실의 가을이 영계의 봄이라면, 현실의 겨울은 '마음의 여름'이 되겠죠. 그리고 그 내면의 여름은 얼의 전성기이기도 할 것입니다. 그 얼이 '내 안에서 깨어날 것'입니다.

CoTS Verses for Weeks 24 and 29

Twenty-fourth Week(September 15-21)

Unceasingly itself creating

Soul life becomes aware of self;

The cosmic spirit, striving on,

Renews itself by self-cognition,

And from the darkness of the soul

Creates the fruit of self-engendered will.

24주(9월 15-21일)

끝없이 자신을 창조하며

마음의 삶은 자아를 알아차립니다.

살아 있는 우주심은

자기 인식으로 새로워지며

어두운 마음의 심연에서

자아를 낳을 의지의 열매를 창조합니다.

Twenty-ninth Week(October 20-26)

To fan the spark of thinking into flame

By my own strong endeavor,

To read life's inner meaning

Out of the cosmic spirit's fount of strength:

This is my summer heritage,

My autumn solace, and my winter hope.

29주(10월 20-26일)

나 자신의 강인한 힘으로

사고의 불씨를 불꽃으로 피우리라.

힘의 원천인 우주심으로부터 나온

생명의 속뜻을 알리라.

이것은 내 여름의 유산이고

내 가을의 기쁨이며 내 겨울의 희망입니다.

〈해설〉

추분을 향해 가는 24주는 한 해 중 가장 격렬히 존재의 변환이 일어나는 때입니다. 4구성체의 자아체가 활기를 띠고 4원소의 흙의 성실이 강화되면 영계에서는 루시퍼를 제압하는 미카엘의 철검이 예비되고 인간은 세상의 변화에 떠밀려 오던 방황을 멈추고 영적인 자기 본성을 되돌아보게 됩니다. 가을의 원소인 탄소가 '형태를 형성하는 힘'이듯, 우리 몸을 덥히던 피는 새로운 자아 인식을 실어 나릅니다. 이것이 '자신을 창조'하는 것이며 '마음이 자아를 알아차리는 것'입니다. 이 기적이었던 마음은 우주의 마음과 결합을 원하고 혼란스럽던 마음 깊은 곳에서 한 생의 고군분투가 무엇을 위함이었는지 상(象)을 맺기 시작합니다. '의지의 열매'가 나타나는 것과 함께 나와 세계의 일체인 새로운 자아가 떠오릅니다. 그리스도의 가르침인 '나는 나다.'의 나가 떠오릅니다.

열매가 무르익는 추분이 지나고 나면 조그마한 불씨였던 사고의 힘은 웅장한 불꽃으로 변해 갑니다. 이 불꽃은 우주-영과 뭇 생명들의 하나 됨을 밝힐 것입니다. 찬란하면서도 혼란스러웠던 여름과 열매 맺음의 기쁨과 생명 소멸의 쓸쓸함이 공존하는 이 가을은 모든 생명이 고개를 숙여 황량해 보이는 그 겨울, 속으로 끊임없이 새 생명 순환의 희망을 품을 것임을, 새로운 자아는 알아차립니다. 이 깊은 가을은 거듭 순환하는 자연의 힘처럼 인간의 삶도 우주의 품 안에서 영원히 새롭게 부활한다는 것을 알려 줍니다.

CoTS Verses for Weeks 25 and 28

Twenty-fifth Week(September 22-28)

I can belong now to myself
And shining spread my inner light
Into the dark of space and time.
Toward sleep is urging all creation,
But inmost soul must stay awake
And carry wakefully sun's glowing
Into the winter's icy flowing.

25주(9월 22-28일)

이제 나는 스스로에 속하며
시공간의 어둠 안으로
내면의 빛을 비출 수 있습니다.
삼라만상이 잠을 재촉하지만
가장 깊은 곳 마음은 또렷이 깨어
겨울의 냉기 속으로

해의 온기를 나릅니다.

Twenty-eighth Week(October 13-19)

I can, in newly quickened inner life,

Sense wide horizons in myself.

The force and radiance of my thought

Coming from soul's sun power

Can solve the mysteries of life,

And grant fulfillment now to wishes

Whose wings have long been lamed by hope.

28주(10월 13-19일)

내면 삶으로 새롭게 깨어난 나는

내 안에서 드넓은 지평을 느낄 수 있습니다.

마음의 태양에서 나온

내 사고의 힘과 빛은

삶의 신비를 풀 수 있고

헛된 희망으로 우둔해진 날개를 가진 이의

소망은 이제 모두 채워졌습니다.

〈해설〉

25주는 추분이 지난 직후입니다. 춘분에 시작한 생명의 약동은 긴 '성장(成長)'을 마치고 '성숙(成熟)'의 시간으로 들어갑니다. 이 시기는 인지학의 『아카샤 연대기』에 따르면 자아가 깨어나는 때이며 영성이 스스로를 자각하는 때가 됩니다. 아래 그림에서 지구기의 때가 4계절에서는 이때와 맞물립니다.

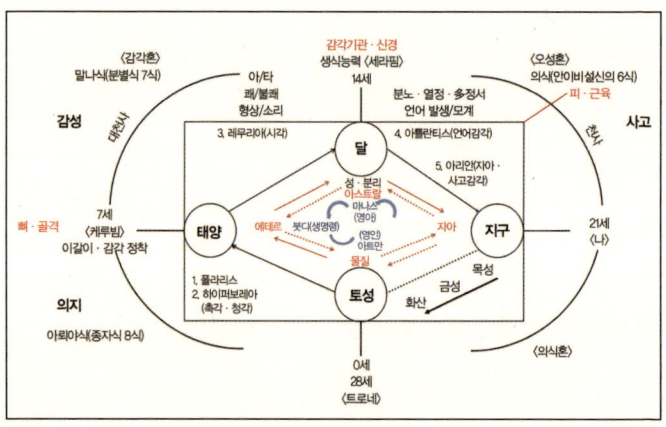

위 그림은 태양기-봄, 달기-여름, 지구기-가을, 토성기-겨울과 조응하는 성질을 보여 주고 있으며 『아카샤 연대기』의 주

요 내용을 요약한 것입니다. 물질의 성장이 자아를 만나 영적으로 전환되는 때가 지구기이며 가을이자 추분의 때와 상응함을 보여 줍니다. 그러므로 '내면의 빛'을 비출 수 있게 되며 삼라만상은 잠이 들지만 '가장 깊은 곳 마음은 또렷이 깨어/겨울의 냉기 속으로/해의 온기를 나릅니다.' 겨울의 냉기는 사물을 얼어붙게 만들지만 '해의 온기'로 묘사된 살아 있는 영은 어떤 엄혹한 환경 속에서도 깨어 있습니다. 해의 온기는 그 가장 정묘한 수준에서 우주적 지혜이자 신성이 됩니다.

28주는 막 깨어난 영의 상태를 묘사합니다. 외부에서 내면을 향해 고개 돌린 정신은 무한의 시공간을 응시합니다. 그래서 물질적 태양이 아닌 '마음의 태양'에서 나온 사고의 힘과 지혜가 힘차게 운동하기 시작합니다. 세계의 통일성을 꿰뚫어 보는 사고의 힘은 '삶의 신비'를 직관합니다. 감각혼-오성혼으로 이어졌던 '헛된 희망으로 우둔해진', 즉 꿈꾸는 상태의 의식에서 깨어납니다. 그의 '소망이 이제 모두 채워졌다.'는 것은 이 상태에서 비로소 인간의 악무한적 욕망의 굴레가 환상이었음을 분명히 알게 된다는 암시입니다. 그것은 욕망의 실현이 아니라 각성(覺性)을 말하는 것입니다.

제3장 가을

CoTS Verses for Weeks 26 and 27

Michaelmas(September 29-October 5)

O Nature, your maternal life

I bear within the essence of my will.

And my will's fiery energy

Shall steel my spirit striving,

That sense of self springs forth from it

To hold me in myself.

26주(9월 29-10월 5일)

오 생명의 어머니 자연을

나는 내 의지의 본성 안에 품었습니다.

내 의지의 불같은 힘은

내 얼의 분투를 단련시켜

그로부터 솟구칠

자아 감각을 내 안에 담습니다.

Twenty-seventh Week(October 6-12)

AUTUMN

When to my being's depths I penetrate,

There stirs expectant longing

That self-observing, I may find myself

As gift of summer sun, a seed

That warming lives in autumn mood

As germinating force of soul.

27주(10월 6-12일)

가을

내가 존재의 심연을 뚫고 들어갈 때

내 안에서 성찰(省察)을 통해 나를 찾으리라는

예감된 그리움이 일어납니다.

그것은 여름 햇볕의 선물,

가을 공기 속에 생명들에 온기를 주며,

마음을 탄생시킬 힘의 씨앗으로 있습니다.

〈해설〉

추분을 지난 26주, 자연의 가을은 봄부터 시작된 생명의 향연을 열매 맺게 하는 계절입니다. 작은 씨앗에서 출발한 생명의 전개는 찬란한 꽃의 시기를 지나 열매를 통해 드디어 모든 생명의 '자기-다움'을 드러냅니다. 이 한 생의 완성인 열매는 자신의 모든 힘을 모아 다음 생의 씨앗을 다시 품습니다. 생에서 생으로 이어지는 이 힘을, 인간은 '의지'라고 부릅니다. 카르마의 응축과 재현인 의지는 자연의 열매가 가진 그 힘을 모두 모아 담고 있습니다. 그리하여 '자아'라고 칭하는 '자기다움'에 눈 뜬 얼은 생에서 생으로 이어지는 과제들을 담금질하고 영원을 품고 새로운 자아를 탄생시킬 준비를 합니다. 미카엘마스인 26주는 정신의 분열을 상징하는 용을 사고의 힘을 상징하는 철검으로 물리치는 성화로 표현됩니다. 사람의 얼이 '나는 나다.'를 발견하는 때가 바로 이때입니다.

"하늘에 전쟁이 있더라. 미카엘과 그의 천사들이 용과 싸우매 용과 그의 천사들도 싸우나 이기지 못하고 또 하늘에서 자기들의 처소를 더 이상 찾지 못하더라."

— 『요한계시록』 12:7-8

「성 미카엘의 승리」, 라파엘로

이어지는 한 해의 마지막 주는 죽음과 삶이 연결되는 결착점입니다. 영의 세계는 감각의 세계 너머에 있고, 꿈같은 현실을 꿰뚫고 '존재의 심연'에 도달할 때 우리는 비로소 '예감된 그리움'인 운명을 만납니다. 한 해 동안의 분투는 이제 새 생명들을 준비할 온기 속에서 미래의 영혼, 새로운 마음을 탄생시킬 씨앗이 됩니다.

죽음이 소멸이 아니라 새로운 부활로 연결된다는 신성의 사명이 선언됩니다.

마음과 얼, 혼(魂)과 영(靈)의 만남
— 루돌프 슈타이너의 『영혼달력』 해설

1판 1쇄 인쇄 2022년 4월 15일
1판 1쇄 발행 2022년 4월 20일

지은이 루돌프 슈타이너
옮긴이 박규현
펴낸이 박규현
펴낸곳 도서출판 수신제
출판등록 2015년 1월 9일 제2015000013호
유통판매 황금사자(070-7530-8222)
주소 경기도 양평군 양서면 청계길 218
전화 070 - 7786 - 0890
팩스 0504 - 064 - 0890
이메일 pgyuhyun@gmail.com
ISBN 979-11-954653-8-5 03110
정가 12,000원

저작권법에 의해 한국 내에서 보호를 받는 저작물이므로 무단 전재와 복제를 금합니다.

* 잘못 인쇄되거나 제본된 책은 구매하신 서점에서 바꾸어 드립니다.